Núcleo de Dramaturgia

Núcleo de Dramaturgia
SESI – BRITISH COUNCIL

3ª turma • *volume I*

SESI-SP editora

SESI-SP EDITORA

Conselho editorial
Paulo Skaf (Presidente)
Walter Vicioni Gonçalves
Débora Cypriano Botelho
Neusa Mariani

Teatro Popular do SESI

Comissão editorial
Celio Jorge Deffendi (Diretor DDC)
Débora Pinto Alves Viana
Alexandra Salomão Miamoto

Editor
Rodrigo de Faria e Silva

Editora assistente
Juliana Farias

Produção gráfica
Paula Loreto

Apoio técnico
Carol Ermel

Diagramação
Valquíria Palma

Revisão
Adir Lima
Arte da Palavra

Projeto gráfico original
Negrito Produção Editorial

© SESI-SP Editora, 2012

Núcleo de dramaturgia SESI: British Council: 3ª turma, volume 1. / SESI, British Council. - São Paulo : Sesi-SP editora, 2012.
344 p.

ISBN 978-85-65025-87-4

Vários colaboradores.

1. Dramaturgia 2. Teatro brasileiro I. Título

CDD – 869.92

Índices para catálogo sistemático:
1. Dramaturgia
2. Teatro brasileiro

Bibliotecárias responsáveis: Elisângela Soares CRB 8/6565
Josilma Gonçalves Amato CRB 8/8122

Novos textos para a dramaturgia brasileira

É com grande satisfação que apresentamos os textos desenvolvidos pela terceira turma do Núcleo de Dramaturgia Sesi-British Council e compartilhamos com você, leitor, o resultado do trabalho da nova safra de talentos revelados pelo projeto.

Iniciativa inédita no Brasil, o Núcleo de Dramaturgia foi criado em 2006, quando teve início a parceria entre o Sesi-SP e o British Council. Voltado para a descoberta e a formação de novos dramaturgos teatrais brasileiros, o programa tem como objetivo oferecer um processo de excelência focado no aprimoramento da escrita, estimulando o desenvolvimento de dramaturgias que expressem novas linguagens e visões de mundo.

A partir da troca de experiências e metodologias, o núcleo incentiva o diálogo de novos autores com profissionais experientes em torno do cenário contemporâneo, além de estabelecer um intercâmbio entre dramaturgos brasileiros e internacionais.

Coordenados pela dramaturga e jornalista Marici Salomão, os autores da terceira turma do projeto (2009-2010) participaram durante um ano de aulas, workshops, palestras e mesas-redondas com profissionais do Brasil e do Reino Unido. Ao todo, foram produzidos 12 textos teatrais inéditos – compilados cuidadosamente pela Sesi-SP Editora nesta publicação que você tem em mãos.

As peças "O silêncio depois da chuva", de Gustavo Colombini, e "Coração na bolsa", de Marcus Leoni, foram as selecionadas para montagens teatrais do elenco do Núcleo Experimental de Artes Cênicas do Sesi-SP. A primeira, dirigida por Leonardo Moreira, esteve em cartaz no Centro Cultural FIESP – Ruth Cardoso, em São Paulo, de setembro a dezembro de 2011, e recebeu a indicação do Prêmio Shell de Teatro de São Paulo na categoria melhor autor com o texto de Colombini. Já "Coração na bolsa" contou com a direção de Ruy Cortez e realizou temporada no mesmo espaço de março a julho de 2012. Além dos espetáculos, os textos "Eu também", de Lucas Lassen, e "Entrevista com o ator e modelo Philip Morgan", de Léo Nogueira, ganharam leituras dramáticas abertas ao público.

Este livro reforça a premissa de que a difusão cultural no Brasil só é possível por meio do esforço conjunto de instituições comprometidas com o desenvolvimento social. O Sesi-SP fomenta e difunde manifestações artísticas em diversas linguagens, contribuindo com a melhoria da qualidade de vida dos industriários e da comunidade. Os projetos culturais da instituição, que abrangem as áreas de teatro, música, literatura, audiovisual e artes visuais, visam fortalecer e promover a multiplicidade da arte, conduzindo o público a uma pluralidade de experiências e à reflexão crítica.

Desejamos a todos uma ótima leitura.

Paulo Skaf
Presidente da Federação das Indústrias do Estado de São Paulo – FIESP – e do Sesi-SP

Sumário

A janela
Tania Moreira Pescarini — 9

Coração na bolsa
Marcus Leoni — 41

Entrevista com o ator e modelo Philip Morgan
Léo Nogueira — 103

Não me peça pra falar de amor
Thiago Salles Gomes — 151

O garçom
Wagner Menddes Vasconcelos — 201

Tem espaço de sobra no meu coração
David Anderson — 255

A janela

Tania Moreira Pescarini

Personagens

Homem
Mulher
Pai
Mãe
Mulher Jovem
Homem Jovem
Policial
Corpo

Um homem sentado à mesa com um computador
                    tlec, tlec, tlec,
Vários outros escondidos por janelas
                    jantam, almoçam, sorvem,
cagam, dormem, morrem,
Ele digita rapidamente, nada o detém
                    tlec, tlec, ele pensa, o tempo todo
pensa
Eles desprezam cada detalhe
                    na sala de jantar, sujam, falam,
comem, morrem, sujam, sujam, sujam
Só que suas mãos não o fazem rápido o suficiente
                    Ele sente. Talvez pense.
Seus dedos tremem e não concluem o que faziam há tempo
                    Todo o trabalho em vão.
Hoje à tarde não haverá relatório
Está escuro e faz silêncio
quente sem vento
Em um e outro canto
nada se ouve
ainda nenhuma palavra
Ele não digita mais rápido
                    Algo se move
                    Sempre se move
Eles não mais ignoram
                    respira, transpira
                    ingere, digere
Ele fala ao telefone

                                                  nunca para
Eu não ouço nem você
Um deles respira
Hi-há, hi-há
Quanto puder
Rangidos Grunhidos Batidos
Só
Outro fuma bafora
                                        Nossa carne é de gente
                              Mente, aço, cimento, barraco
Nada
                                      sangue, osso, costela,
Um homem entra na sala
                                            ingere, vomita,
                                                    digere
Nada
                                        pedra, areia, água,
                                                    vento
Afrouxa a gola da camisa
                                    bandos, rangem, reclamam
Nada
Ele sai
                                            sorvem a terra
                                     sem nunca estar saciados
Nada
                                          Morrem, fogem
                                          Correm, nadam
Nada
                                 Do humano tempo que passa,
                                         correm, nadam

Nada
                                    Envelhece
Suas mãos digitam em ritmo constante todo o tempo.
Nada as detém
Almas rangem
Corpos em grunhidos, destroços,
Tomam forma,
Viram palavras.

(São quatro apartamentos, sete janelas onde o narrador observa a vida de oito pessoas, além de uma oitava (onde não dá para ver quase nada). No sexto andar, no apartamento da esquerda, moram a Mulher e o Homem, visíveis na sala (à direita) e no banheiro. No mesmo andar, no apartamento ao lado, moram o Pai, a Mãe, o Filho e a Filha. Lá, se vê a cozinha (à esquerda), a sala (no meio) e o quarto da Filha. Logo abaixo deles mora a Mulher Jovem, visível somente quando está no banheiro. A cortina da sala dela está sempre fechada – só se vê o vulto. Ao lado dela mora o Homem Jovem. Em seu apartamento só se vê a sala de jantar e o bar – o resto é encoberto por sombras. O Narrador mora em um apartamento no prédio em frente ao das oito pessoas que ele observa. O Narrador é um homem de aparência comum, idade indefinida, roupas desleixadas.)

(A Mulher está no sofá da sala, e o Homem na poltrona, segurando o controle remoto da televisão. Ao lado, o Pai lê uma enciclopédia e a Filha come um doce escondida na cozinha. Nos apartamentos de baixo não se vê nada.)

MULHER – Mais um dia quente.
HOMEM – Faróis fechados.
MULHER – Trinta e sete graus.
HOMEM – Gente pedindo pra comprar bala, flanela. Gente querendo limpar o vidro do carro.
MULHER – Quatro da tarde e o termômetro ainda marcava trinta e sete.
HOMEM – Chocolate, suspiros. Só faltava quererem vender cobertores no fim da tarde, em pleno janeiro.
MULHER – Eu não gosto do calor.
HOMEM – E ninguém, mas cara algum mesmo, vendendo garrafas d'água. Um calor de mais de trinta graus e flanelinha nenhum teve a ideia de vender água mineral.
MULHER – Todo mundo no Brasil devia estar acostumado com o calor. Correr atrás de uma blusa com o menor ventinho.
HOMEM – Eu falei pra um: "Mermão, se tu vendesse água gelada, refrigerante, comprava na hora. Eu e um monte de gente, neste congestionamento. Acabava o dia com mais de duzentos contos. Mas preferem vender chocolate com amendoim! Quem, num dia destes, vai comer chocolate?"
MULHER – Todo mundo devia vibrar com o calor. Sol e céu azul.
HOMEM – E ele disse: "Uma ajudinha aí, patrão". Um ladrãozinho a menos por aí, né? Um pontinho a menos no índice do crime. Só dois reais, três reais. Um país onde todo mundo dá esmolas deve ser um lugar pacífico. Né?

MULHER – Acho é que o Sol e o céu azul quando se escondem levam embora o tempo que sobra para mudar de vida.

HOMEM – Eu acredito na justiça dos mercados.

MULHER – Não é no fim do dia a hora ideal para fazer as coisas mais importantes? As que ficam guardadas e não se deve esquecer?

HOMEM – E o povo, nesse país evangélico, fala em justiça divina e injustiça social. Culpa o governo por tudo, enxerga imperialismo em tudo e espera respostas do além. Enquanto é muito mais prático tomar o que passa bem debaixo do meu nariz.

MULHER – E se em outros lugares o perigo é o tempo abafar essas coisas, aqui com certeza o bafo acaba com elas às sete.

HOMEM – Claro, tudo dentro da lei.

MULHER – Em um lugar menos quente talvez eu não fosse só uma professora.

HOMEM – Eu acredito no indivíduo.

MULHER – Ser professora de história em uma escola pública é o atestado maior de fracasso. A não ser que você seja casada com um homem rico. Então, é altruísta.

HOMEM – Creio na competição. Seleção natural das espécies. Chegamos à sociedade perfeita, feita à imagem da natureza. Eu acredito nessa sociedade.

MULHER – Eu sou professora de colégio em uma época em que, se precisasse sobreviver com o que ganho, viveria na favela. Sorte que sou casada com um homem rico.

HOMEM – O mais importante, para um homem de negócios, é ser popular. Agradável. Todo mundo tem que gostar, adorar um homem assim. Porque muitos outros poderiam estar no lugar dele.

NARRADOR – Do caos surgem o homem e a mulher. O esfregar aleatório dele nela e dela nele causa inveja ao criador. Inflamado pelo ciúme, ele inventa outras mulheres e homens e estes se roçam tanto, mas tanto, que o Pai vai-se embora daquele mundo, para longe de sua cria. Mas ele retorna, vingativo, trazendo consigo seu grande trunfo: a palavra. Palavras, muitas delas, infinitas, joga-as ao léu. Seus filhos, curiosos, as recolhem nos rios, mares, pedras e onde mais se encontrarem e as colocam em um caldeirão, tentando saciar sua gula. Mas elas os engolem, e desse caldo amorfo nascem o homem e a mulher civilizados. O homem e a mulher moram no apartamento da frente. Mas suas palavras me pertencem. Eu sou o criador de sua cividade.

Nesse meu quarto, entre tantas paredes abre-se uma janela. Ela tem a melhor vista de toda a Selva de Pedras. Sete janelas, a oitava é minha. Dez pessoas, ora peladas, todos os dias. Suas palavras também me pertencem.

Leblon, Rio de Janeiro, dois mil e pouco.

Mesmo de tijolos e concreto. Ainda que agora construído por muros e arames, armas e a segurança traidora de classes, em seus horizontes ainda levantam-se exuberantes selvas. Nossas vidas pertencem às suas leis.

Sou um escritor da má poesia, do verso errado, sem coesão nem coerência. Sem sentido ou permanência, somente aquilo do que me alimentam as pedras. Eu vou apedrejando minhas presas, homem ou animal.

Uma garota certa vez me disse "infelizes são os juízes, que condenam o que secretamente desejam": besteira. Se alguém conseguir acreditar que garotas de dezenove anos falam comigo.

Descontentes somos todos, inclusive juízes.

(O Homem Jovem fala andando de um lado para o outro, com uma garrafa de vinho, fechada, na mão, e duas taças na outra. O Pai e a Mãe estão sentados no sofá de mãos dadas, seus rostos ora viram-se um para o outro, ora olham fixamente para frente. A Filha passa por eles algumas vezes. O Homem faz a barba e a Mulher folheia um livro. Vê-se a sombra da Mulher Jovem atravessar a sala.)

HOMEM JOVEM – Tive eu mesmo que deixar ela no aeroporto.

PAI – Três obturações, dois canais.

MÃE – O lugar estava lotado.

PAI – Quinze aplicações de flúor. Para prevenir novos problemas.

MÃE – Gente entrando e saindo o dia inteiro.

PAI – De nada adianta. Eles sempre voltam com cáries no ano seguinte.

MÃE – De todos os lugares: Niterói, Tijuca, Flamengo. Todo mundo querendo uma viagenzinha no verão.

HOMEM JOVEM – Nenhum táxi queria levá-la com aquela tábua de compensado caindo aos pedaços. Tirada do lixo. Ia estragar todo o banco.

PAI – Gosto de ser dentista.

MÃE – Tirei uma boa comissão, mas saí de lá esmagada. Para tudo que se ganha nessa vida, tem que deixar alguma coisa.

HOMEM JOVEM – A tela, perfeita para sua nova obra, não quis deixar de jeito nenhum. Tive que levar. A minha namorada.

PAI – Uma profissão nobre, e sempre consigo sair antes das seis.

MÃE – Falando nisso, cadê o filho?

PAI – Filho é uma coisa que você geralmente deixa por aí.

MÃE – Onde ele foi parar?

PAI – Como eu vou saber? Você é a mãe.

HOMEM JOVEM – No aeroporto ainda tentaram barrar o negócio. De tão apodrecido, não dava mais para saber se tinha sido uma porta, uma lousa, ou sei lá. Uma questão para a vigilância sanitária.

MÃE – Sabe o que eu acho que significa trabalho? Compromisso. Horário. Tempo gasto com o que eu não gosto de fazer. Então eu trabalho o dia inteiro. Mesmo. Minha vida inteira é trabalho.

PAI – Meu pai costumava dizer que enriqueceu trabalhando oito horas por dia num escritório de advocacia.

MÃE – Eu vendo viagens. Toda vez que eu vendo uma, vou pro computador e fico olhando fotos, imaginando o que eu iria comprar se fosse pra lá. Para cada punhadinho que se ganha nessa vida, a gente perde muita coisa. E às vezes não deixa nada.

PAI – Meu pai sempre dizia que não tinha amigos, mas todos achavam que eram amigos dele. Porque era rico. Dos fumadores de charuto ao frentista do posto. Ele os tirou de seu caminho, um a um. Eu tiro as cáries e o tártaro dos dentes das pessoas.

HOMEM JOVEM – E acabaram deixando. Não se restringe a expressão artística. Será possível pintar quadros sem ameaçar a vigilância sanitária?

MÃE – Sou mãe duas vezes, dilatada e suturada duplamente.

PAI – O que eu gosto mesmo é de ler as notícias da primeira página do jornal.

MÃE – Porque depois de tanto trabalho, alguma coisa tem que ficar nesse mundo. Só por isso.

PAI – As primeiras páginas de todos os jornais são parecidas. Eu leio cada uma delas.

MÃE – Cadê o nosso filho?

PAI – Sei lá. Filho é uma coisa que se deixa por aí.

MÃE – Estou falando sério. Ele devia chegar da escola às seis da tarde

PAI – Mas não chegou. E aí?

MÃE – O que a gente faz?

PAI – Você é a mãe.

MÃE – Porque filho é um trabalho desgraçado que, quando cresce, você é obrigado a deixar por aí, nos bares, que nem rascunho em guardanapo.

PAI – Então você não sabe onde ele está?

MÃE – Não.

PAI – Mas você é a mãe, né?

MÃE – Sou.

PAI – E que tal perguntar para a filha?

HOMEM JOVEM – É que a arte tem que causar algum impacto, ela disse. Odorífico, que seja.

HOMEM – É o resultado da democracia e da vitória dos sistemas de gestão. Qualquer coisa substitui tudo e o que vale é a popularidade. O mais popular é aquele que tem o maior número de votos.

HOMEM JOVEM – E foi tão convicta que ficaram com medo que pensassem que eram burros, os malditos fiscais no aeroporto. Podia ser que dissessem que não entendiam nada de arte, que tentaram censurar a cultura.

MULHER – Certamente me casei com um homem rico. Por que não, logo eu, casar com um sujeito rico? Por ser rico?

HOMEM – E a regra se aplica a tudo. A justiça é mesmo uma coisa matemática. Se conta nas cédulas.

MULHER – Em outra época qualquer, talvez fosse romântico. Hoje é uma coisa prática. Eu, que sempre quis ser poeta, nunca fui romântica.

NARRADOR – Creio que se faça necessária uma breve interrupção, se bem que não tão breve, desse meu fluxo criador, para esclarecer um ponto importante. Sobre esse meu conto – poesia – caos teatral. Se escolho como personagens os corpos que se movimentam na janela não é, evidentemente, porque falta-me imaginação para criar novos. Tampouco

minha intenção é narrar o que se passa lá dentro.
É uma coisa de preencher buracos, encher balões.
Palavras, jamais prometi nada além disso. Afinal, sou o criador e meto o vocábulo onde bem entendo. Não que não observe meticulosamente o que acontece no prédio da frente. Por exemplo, se some alguém, como um filho, fica posto que é um desaparecimento. Sem mais explicações.
A verdade é que o calor dessa época do ano castiga a minha janela e não acho possível fechar o círculo e prender o texto na lógica do papel, sob o risco de sufocar. Mesmo com o ar-condicionado ligado, a selva invade meu apartamento e me deixo docemente ser atropelado por seu crescer errático. Pedra sobre pedra. Por aqui, pressuponho que saibam, são comuns o Sol escaldante e as tempestades. Do primeiro, já falei. As outras são como anjos da noite, ou de março, ou das tardes. Mesmo que pouco sobreviva ao dia seguinte, nada mais reconfortante que uma tempestade tropical.
O simples erro está em colocar o nariz para fora depois do espetáculo. Por que ver o fim de todas as coisas, em vez de elas acontecendo de novo e de novo, como realmente são?
Porque em um evento que se repete incontáveis vezes, em círculo-harmonia, renascendo, morrendo, uma hora algo dá errado.

(O Homem Jovem e a Mulher Jovem estão juntos no apartamento dele, bebendo vinho no sofá. No apartamento da família, Pai, Mãe e Filha jantam, à mesa. Homem e Mulher jantam também. Depois, a Mulher sai.)

MULHER JOVEM – Realmente, não é uma coisa que eu considere moralmente incorreta.

HOMEM JOVEM – Ela saiu e é preciso apagar os vestígios deixados pela arte.

MULHER JOVEM – Alguma vantagem todo mundo tira dos amigos.

HOMEM JOVEM – E há momentos em que é conveniente deixar as janelas abertas e o ar-condicionado desligado.

MULHER JOVEM – Já bastam as desvantagens que trazem os inimigos.

HOMEM JOVEM – Mesmo que tudo já seja rotina.

MULHER JOVEM – Se uma coisa acontece repetidas vezes, ela é rotina.

HOMEM JOVEM – Mas ela vai lá, fecha a janela e liga o ar-condicionado.

MULHER JOVEM – E sobre o que acontece só de vez em quando talvez não valha a pena falar, porque é passado e pode não se repetir.

MULHER – Ensinar História é lembrar repetidas vezes as coisas que ficaram para trás.

MÃE – Trabalhar significa repetir os dias.

MULHER – Até que uma hora lembrar vira rotina. É uma atividade rancorosa.

MULHER JOVEM – Eu gosto de romances policiais.

PAI – Eu leio a primeira página de todos os jornais.

MULHER JOVEM – O que vale é o que está por vir. Esperar com ansiedade o que está por vir.

HOMEM JOVEM – Quando minha namorada está aqui quero que ela vá embora logo, mas quando ela vai, fico ansioso para ela voltar. Eu digo isso para a mulher na minha frente.

MULHER JOVEM – Mesmo os amigos trazem desvantagens. É preciso ter paciência para se dar bem na vida.

HOMEM JOVEM – Pode ser o impacto da obra que estava para sair dela.

MULHER JOVEM – A sinceridade é uma coisa ainda mais relativa que o amor.

HOMEM – O casamento, sim, deve ser relativizado.

PAI – A vontade, mais ainda.

FILHA – Não vejo meu irmão desde ontem de manhã. Sei lá onde ele se meteu! Foi andar de *skate*, surfar, trepar no arco da Lapa, sei lá. Quem é que vigia um irmão mais velho?

MÃE – Quisera eu ficar me perguntando por aí onde meu filho gostaria de estar uma hora dessas. Como se não tivesse mais nada para pensar.

PAI – Não sei se ele está onde queria estar. Os filhos devem ser como os pais?

NARRADOR – A poesia do caos e do erro é aquela que surge na hora mesmo em que as coisas acontecem. É fundamental que o autor tecle incessantemente, achando palavras que não poderiam ser ditas para ele. Porque acontecem do outro lado do caleidoscópio. É um mundo caleidoscópico preenchendo tantas páginas quantas forem necessárias para transpor o Universo. Uma Mulher que é professora de história, ou não é, mas para mim pode parecer uma, por exemplo. Então ela diz: "Eu sou professora e moro neste lugar porque me casei com um homem rico". Porque não faz sentido ela pagar um aluguel naquele prédio. Mas o corajoso escritor da *caleidovida* gigante é quem sempre gostou de história. Então ele acha que ela poderia muito bem ter dito isso. E mais: "eu sempre quis ser poeta", diz ela. Como ele gostaria de ouvir. Assim sucessivamente.

Eu defendo o vomitar incessante de instantes para aqueles que acreditam que à arte cabem recortes.

Eu defendo o mausoléu de instantes contra a desavergonhada racionalização do homem.

A selva humana e a mentira como verdade.

(Só a Mulher aparece na janela do banheiro. Dos outros, só se ouvem as vozes. Alguém esfrega o chão da sala no apartamento da Mulher Jovem.)

MULHER – Agora mesmo eu vejo uma coisa incrível. Uma cena inacreditável mesmo.

HOMEM – Um corpo estendido no asfalto. Um corpo malhado, escultural de verdade, de repente vira molho na calçada do Leblon.

MULHER – Será isso mesmo? Não consigo chegar muito perto, o cheiro de sangue sempre me derruba.

NARRADOR – Mais uma interrupção ao meu trabalho. Fluxo alimenta o fluxo e, de repente, uma coisa sai do lugar. Um maldito corpo cai.

Ele despenca da janela do prédio, exatamente isso.

Eu bem poderia ignorar a queda e continuar escrevendo como sempre fiz, mas acontece que vejo bem na minha frente: um corpo estatelado no asfalto.

Eu o vejo caindo, ainda com vida e sem nenhuma chance de sobreviver.

Como as palavras que cuspo, ainda por vir e, de repente, passado.

Daqui para frente, uma vez por todas. Estateladas.

A morte passa num instante, vocês sabem, uma mulher já disse isso.

Mas acontece que um instante é realmente rápido demais, não dura nada. E uma coisa assim, um corpo morto pela própria vontade, acontece e acontece repetidas vezes nessa selva errática.

Mas quando cai justo na minha frente?

Mergulha de fora do meu radar, para dentro do meu presente.

Então eu quero falar, falar e falar.

Uma coisa que tem a ver com não saber como acabar.

(Mulher e Homem na sala. Depois, todos em frente ao prédio.)

MULHER – Mas você me interrompe, sempre, há quase vinte anos; em tudo me interrompe.

HOMEM – Não era isso que você ia contar?

MULHER – Se você uma vez na vida prestasse atenção no que eu digo, saberia que não pode ser essa a história.

HOMEM – Querida, o que você ainda não entendeu é que para ser ouvido neste mundo é preciso ser breve.

Dizer tudo em uma linha, poucas palavras. Só as consoantes das palavras. Um grunhido, ainda melhor. Tudo o mais rápido possível.

MULHER – Inacreditável.

HOMEM – Isso!

MULHER – O que eu queria mesmo era sair dali na hora, mas os olhos dele me paralisaram. Dos dedos dos pés até o último fio de cabelo, ele olhava para mim. Como se quisesse me caçar, aquele animal. Sentado, em cima do corpo, um gato.

FILHA – É claro que todo mundo aqui em casa desceu correndo para ver quem era.

PAI – O filho sumido há dois dias.

MÃE – E ele estava lá.

FILHA – Zonzo, quase não ficava em pé.

MÃE – Uma desgraça.

FILHA – Bêbado como um porco.

PAI – Mas hipnotizado.

MÃE – Não tirava os olhos do corpo. Ou do gato. Eu mesma não esqueço mais os olhos do bicho.

MULHER – Depois de um tempo chegou a polícia e o animal finalmente saiu de cima do defunto.

POLICIAL – Alguém reconhece esse sujeito?

FILHA – Estava irreconhecível.

POLICIAL – Sabem dizer se morava no prédio?

HOMEM – Irreconhecível.

POLICIAL – Alguém viu o elemento caindo?

MULHER – Cheguei logo depois.

POLICIAL – Alguém viu uma janela aberta? Uma janela suspeita?

PAI – Tudo fechado. Ar-condicionado.
POLICIAL – Está sem camisa. Ele morreu sem camisa.
MULHER – Nesse calor infernal, quem é que usa camisa?
POLICIAL – Vamos levar o corpo para o necrotério.
HOMEM JOVEM – Disseram que um gato subiu no corpo e ficou lá. Como ele era? Cinza e branco? Tinha um rabo quebrado? Usava coleira?

(Todos os personagens em suas casas. O Homem e a Mulher de mãos dadas na sala. Pai, Mãe, Filho e Filha de mãos dadas também. Homem Jovem e Mulher Jovem bebendo vinho na sala. Depois eles dançam. Um barulho de descarga. A Filha digita, em seu quarto, no computador.)

NARRADOR – O corpo cai em um instante.
Não dá tempo de digitar mais que duas palavras.
Eu escrevo o presente e ele passa tão rápido que nada cabe além de ruídos.
A queda faz um barulho parecido com aquele das corridas de fórmula 1. Parece um assobio. As pessoas que morrem caindo dos prédios deixam por aqui esse assobio.
Mas e quando morrem também os ouvidos onde foi abandonado o assobio derradeiro?
Ainda com vida e já sem nenhuma chance de sobreviver.
Vira uma coisa e nas coisas não cabe o vocábulo.
Mas um corpo humano, ainda que morto, exige palavras como um louco.

Porque ele mesmo nunca mais voltará a dizer, uma vez morto.

Será preciso que digam por ele.

Então eu poderia escrever para todo o sempre o que ele poderia ter dito por aqui, mas seriam palavras sem corpo.

Nesse instante, o que eu quero é escrever isso, até o momento de sua provável morte, se escolhesse continuar homem em vez de virar carne.

Mas o verbo que não acontece mais, nem nunca aconteceu antes, conta histórias. E eu não gosto, eu não quero contar história nenhuma. A ordem põe tudo no lugar errado, frege o curso da natureza, é isso.

As histórias querem fazer viver o que já deveria ter desaparecido faz tempo.

Mas o criador sou eu, repito, meto o vocábulo onde bem entendo, repito. Tiro as palavras de um corpo vivo e meto nele as do morto. Ou o contrário. Um vocábulo vivo preso num defunto. Ou o contrário, repito. Porque é fundamental que cada palavra pertença a um corpo, repito. Que não o meu, de preferência não o meu.

(Mulher Jovem e Homem Jovem na sala dele, ainda entornam até a última gota de vinho. Filho e Filha no quarto da Filha, com as pernas enlaçadas, um de frente para o outro. Mulher, Homem, Pai e Mãe se movem. Eles dançam a dança das pequenas coisas do casamento.)

CORPO – Para que as coisas façam sentido é preciso um tempo entre elas. Entre lavar e secar as mãos, pega-se a toalha. Entre um e outro relatório eu tomo um copo d'água. Ou melhor, tomava, já que evidentemente a parte de mim que ingeria e digeria a água agora está morta. Essa pausa serve para definir as coisas. Que cada coisa seja uma, caso contrário, ficam todas grudadas.
Mesmo morto, se me faço entender é porque entre uma e outra palavra minha há um espaço, pequeno que seja. E é importante que eu me faça entender, afinal eu não sou mais nada e tudo o que resta são as palavras que digo. Palavras essas que não poderiam estar grudadas, pois deixariam de ser cada uma delas para virar uma coisa só.
E resulta que as razões da minha morte foram justamente o espaço entre a janela do meu apartamento e o asfalto e o tempo entre ainda estar caindo e morrer. O que não explica o suicídio, ao contrário. Quem pudesse apreender esse momento da queda saberia que eu possivelmente me arrependi, secretamente desejei abrir os olhos uma outra vez e descobrir que aquilo foi um sonho.
As pessoas que, como eu, decidem se jogar das janelas dos prédios, sabem que o medo e o arrependimento não duram menos que alguns centésimos de segundo. Elas anseiam pelo instante final, em que tudo se cala. O que não se entende, porque para fazer sentido é preciso ter um tempo entre uma coisa e outra. Nesse caso, o início e o fim do instante mesmo em que a vida silencia.

E sobre esse instante eu nada posso dizer, já que em vida não presenciei sua conclusão. Se ainda falo, por ventura profiro palavras, é porque tomo, converto a meu favor, certas irregularidades da Física.

Em vida, não entendia que interrupções eram sadias para o fluxo dos pensamentos. Compreendo agora, fica provado com a teoria que acabo de explicar. Todo fluxo tropeça, e o tropeçar é um fluxo de tropeços. O que evidentemente não explica meu suicídio.

FILHA – Ele fica assim, agora. Abre a boca e não para mais de falar.

PAI – A proliferação de cáries nos dentes por muito tempo pode levar ao apodrecimento da boca, causando reações fora do comum.

FILHA – Fica lá, deitado e morto, o tempo todo falando e não faz nada. Morto.

MÃE – Não move um dedo sequer. Eu mesma não sairia do lugar sem ganhar nada por isso.

HOMEM – A democracia aproxima tudo, inclusive gente e títulos de mercado. Para tudo, regras iguais.

FILHA – É possível que seja uma reação anormal à decomposição do corpo, segundo a literatura médica.

PAI – As bulas de remédio nunca listam todos os efeitos colaterais possíveis do medicamento.

POLICIAL – Não havia sinais de estrangulamento, apesar de o pescoço estar em carne viva. Nem hematomas no corpo, além dos causados pela queda.

FILHA – Concluíram que foi suicídio mesmo.

POLICIAL – Não havia sinais de violência.

FILHA – Chegaram à conclusão de que aquele corpo não foi violentado.

CORPO – Tão forte foi o impacto da queda que apagou todos os sinais deixados em meu corpo em circunstâncias anteriores. Sinais esses que têm pouca importância, porque as forças que atraem e repelem os corpos são magnéticas e não deixam cicatrizes. Foi justamente uma dessas que me destroçou.
Porque, como já disse, é necessário um tempo entre uma coisa e outra. Pois algumas noites eu escrevo relatórios, e fazia alguns justamente no dia da queda. Entre um e outro, bebo um gole d'água. Uma questão de espaço e digestão. Levanto e pouso o copo não mais que três vezes, rotineiramente e, justo naquela hora, precisamente na primeira etapa do segundo movimento, por um desvio de milionésimo de segundo, o líquido encharca um relatório.
Um documento como aquele, avariado, certamente geraria insatisfação. Entretanto, o melhor era avisar os superiores o quanto antes, e ouço a voz deles ao telefone. São muitos os responsáveis por um homem numa condição como aquela.
A razão do meu suicídio foi o tempo, exatamente poucos minutos. Entre o telefone e um novo documento houve seu tempo, e depois desse um que deveria estar entre a nova folha de papel e eu sentando no computador. Outra vez.
Mas não houve. Logo esse segundo, pequeno intervalo, trouxe uma coisa nova, provocou um desvio, frigindo com o curso da história. Abriu uma janela.

Aquela janela. Daquela janela entraram tantas coisas quantas podiam, ao mesmo tempo. Sem pausa, sem dó. Uma só avalanche. Não vislumbrei tempo entre elas.

MULHER JOVEM – Talvez ele quisesse deixar alguma coisa além do silêncio.

HOMEM JOVEM – Como se o silêncio fosse um vazio que se insinua entre duas pessoas.

MULHER JOVEM – E não uma coisa que te deixa nu, desamparado, vivo mesmo, na carne.

HOMEM JOVEM – Aquele corpo jogado lá embaixo não conseguiu calar-se. O vazio já estava nele antes de cair.

MULHER JOVEM – O vazio, quem sabe, deixou um gato. Em silêncio o bicho impediu que tudo fosse varrido dali em tempo recorde.

HOMEM JOVEM – Os animais morrem sem ter dito uma única palavra.

O destino de todas as coisas é a morte.
Como é o dos ossos suportar a carne.
E o destino da carne, sustentar a pele.
Ressecar, escurecer, morrer.
 Forjadas em selvas, almas batem à porta
   o apartamento reviram
 Pedra em barraco, lama, destroços
     O corpo do escritor dilaceram
 pelo peito, pela boca, por todo lugar fogem
    Palavras
O homem sentado à sua mesa, na frente do computador.
Sem mãos, sem pés

Boca costurada
Fazem barulho e vão embora, saciadas
    Não mais vomita, ingere, digere
De um jeito ou de outro
Como num só corpo
    O destino de todas as coisas juntas
    Seladas
Soldadas
      Desfiguradas
Nunca calar, sempre girar
As histórias não batem à nossa porta
    Nem nada que nos toca
No lugar de coisas pulsando corpos se arrastam,
    se arrastam
slunf, ampf, sgrum, jams, tifss, sgaf, sgam, sgah
Moídos, triturados
Soltos em pedaços
bem ordenados
na civilizada selva de pedras

(Os corpos giram nos apartamentos. Os corpos giram no asfalto. De todas as janelas, veem se corpos gingando.)

HOMEM JOVEM – Pode ser ridículo um gato causar tanta impressão.
MULHER JOVEM – Comum e fácil tirar vantagem do vizinho.
PAI – De tão banais, das minhas próprias cáries eu até esqueço.

MÃE – A verdade é que sinto falta de todos eles quando vão viajar.

HOMEM – Tantos anos nos mercados de capitais e nunca me esqueço de trocar o perfume antes de chegar em casa.

MULHER – Fica tudo mais fácil de engolir com o tempo, mesmo que nada mude.

MÃE – É uma coisa de ir andando, respirando, fazendo.

FILHA – Depois de um turbilhão qualquer as coisas voltam a seguir seu fluxo.

FILHO – O corpo é retirado.

PAI – E a maranha volta a girar, como sempre girou.

(Voz gravada, diferente da do narrador – ou projeções gráficas na parede.)

O simples erro está em colocar o nariz para fora. Deixar aberta uma janela qualquer por descuido. Pois quem acostuma a alma ao concreto, a petrificadas fotografias de coisas ausentes. Quem crê cegamente nas mentiras recortadas a régua pela academia, este não habitua a pele à insolação tropical que castiga as vidraças cariocas.

Fustiga a própria história.

Mas tudo sempre recomeça, a palavra volta a contar, recomeça a cantar. Outra e outra vez.

Repito.

Outra e outra vez.

Repito.

(Todos os personagens em suas janelas. Menos o Filho, que está na frente do prédio, junto a um carro. Recomeçam a falar. O Narrador, agora nu, com diversos ímãs grudados ao corpo, digita como máquina. Ele se movimenta como uma máquina.)

FILHA – Toca o despertador.
FILHO – Mais uma vez.
FILHA – Toca.
FILHO – Na terceira vou lá fazer o trabalho sujo.
FILHA – O que ninguém gosta.
FILHO – É ter que refazer o que não fizeram direito.
FILHA – Acordo com ressaca, vou fingir que vou para a aula.
FILHO – Somos todos irmãos, caraca. A gente assina a lista de quem não veio.
FILHA – E já está tocando há tanto tempo que tenho que levantar e sair.
FILHO – É uma coisa de vida, não uma urgência de bando.
FILHA – Seis e meia da manhã o ônibus já está lotado.
FILHO – No fim da noite, todos em bando, eu com o bando chacoalho no carro.
FILHA – Eu cheiro sovaco, sacudo, para aprender que a casa não é minha, o dinheiro não é meu.
FILHO – "Vai se ferrar, vai..." ele disse quando a mulher saiu gritando "atropelaram o gato, atropelaram o meu gato".
FILHA – Para aprender a dar valor para as coisas. Estudar e sair de casa logo. Ficar magra, arrumar marido e sair. Emprego, magra, marido, ir embora.

FILHO – Atropelaram a palavra.

FILHA – Eu faço faculdade de Filosofia.

FILHO – E mesmo não tendo mais jeito ele berrava, berrava, ensurdecendo todo mundo.

FILHA – Eu faço faculdade de Filosofia e peso sessenta e cinco quilos.

FILHO – Gritava.

FILHA – Porque quando a verdade não presta para levar para casa, serve a mentira mais convincente.

FILHO – Tentaram de tudo para calar os berros. Limparam a calçada, as rodas do carro. Jogaram no rio metido num saco. Mas a gritaria não calava, ele não se conformava com aquilo. Então, eu fui lá e fiz o trabalho sujo.

FILHA – Quando a realidade não quer calar, eu invento uma alternativa para ela.

FILHO – A história acabou, calem.

MULHER – Se acham que muita coisa muda, estão enganados.

HOMEM – Um calor daqueles e lá na frente um monte de barracas de flores.

MULHER – Os anos passam e tudo continua parecido.

HOMEM – E ninguém, mas ninguém mesmo, vendendo uma garrafa de uísque. Porque é muito mais fácil pensar que alguém que vai ao cemitério se contenta em deixar as flores e sair, em vez de ficar bebendo e conversando com o morto.

MÃE – Duas vezes dilatada, sufocada.

MULHER – Mãe, eu já fui. Porque mãe mesmo é aquela que tem os filhos vivos andando por aí...

FILHO – Então, e então, todo mundo saiu.

MULHER – Ele, que quase sempre sai falando sem querer saber o que vão responder. Uma questão de hierarquia.

FILHA – Tudo isso é para dizer que eu só quero mentir, mentir...

HOMEM – Porque tem coisas que eu simplesmente tenho que dizer. Garrafas que tenho que beber.

FILHO – Depois que eu terminei o trabalho que deixaram pela metade, encerrei o texto, calei a história.

MÃE – Ser mãe é ter duas, ou três, ou quatro vezes menos chance de se sentir bem no fim do dia. Se eu não torço o pé, alguém pode ter torcido...

PAI – Ser pai é ter duas, ou três, ou quatro vezes mais chance de fracassar.

FILHO – O destino de tudo é morrer.

FIM (...)

Coração na bolsa

Marcus Leoni

Personagens

Homem I
Homem II
Mulher
Mulher 2
Faxineiro

(Banheiro. Uma bolsa está deixada no canto. Dois homens urinando.)

HOMEM 1 – Nada melhor do que mijar, você não acha?
HOMEM 2 – Nada melhor.
HOMEM 1 – Gosto do barulho do mijo batendo na água quando estou tenso.
HOMEM 2 – Alivia.
HOMEM 1 – Alivia.
HOMEM 2 – Você ainda está tenso?
HOMEM 1 – Agora, não mais. Ouve esse barulho.
HOMEM 2 – Relaxa.

(Os dois fecham a calça no mesmo momento.)

HOMEM 1 – Vamos lá?
HOMEM 2 – Vamos.

(Entra o homem da limpeza enquanto os dois saem.)

FAXINEIRO – A bolsa.
HOMEM 1 – Hein?
FAXINEIRO – A bolsa está ficando.
HOMEM 2 – Não é nossa. (Saem.)

(Toca um celular enquanto o faxineiro limpa o banheiro. Atende. Voz.)

voz – Acabou.
faxineiro – Alô... Alô... Alô...?

Música: Créditos

CENA I

(Sala escura. Mulher fumando um *beck*.)

HOMEM – Já disse que eu não gosto desse cheiro.

(Pausa.)

MULHER – (Com desdém.) Acende um também.
HOMEM – Não gosto.
MULHER – Esquece o cheiro.

(Pausa.)

HOMEM – Ridícula.
MULHER – Relaxa...
HOMEM – Relaxa você.
MULHER – (Lânguida.) Eu disse, meu amor, que o *beck* relaxa.
HOMEM – Foda-se. Essa merda fede!
MULHER – Igual a você quando acorda.
HOMEM – (Ranzinza.) Vai pro inferno.
MULHER – (Nervosa.) VAI VOCÊ! (Baixa o tom.) Vai pro inferno, você.

(Pausa.)

HOMEM – Está tudo pronto?

MULHER – Está.

HOMEM – Você...

MULHER – O que tem eu?

HOMEM – Você está com medo?

MULHER – Estou ansiosa. Não vejo a hora de...

HOMEM – De...?

MULHER – De me livrar dela.

HOMEM – Mas...

MULHER – Mas o quê? Hein? Vai começar a coisa toda de novo?

HOMEM – Não. Mas eu não sei se esse é o melhor caminho.

MULHER – Eu sei que é. Eu tenho certeza de que é.

HOMEM – Menos mal.

MULHER – Pode ser...

HOMEM – Você acha que...

MULHER – Claro!

HOMEM – Claro o quê?

MULHER – Vai dar tudo certo, não é isso que você ia perguntar? (Pra cima dele.) Não é?

HOMEM – É.

MULHER – Vai, sim.

HOMEM – Então, vamos!

MULHER – Espera!

HOMEM – O que é?

MULHER – A bolsa.

HOMEM – O que tem?

MULHER – É melhor a gente conferir.

HOMEM – Já conferi.

MULHER – Já?

HOMEM – Aham.
MULHER – Então vamos!
HOMEM – Não.
MULHER – (Respiração profunda. Fala lenta.) O que foi, desta vez?
HOMEM – Você acha mesmo que é melhor...
MULHER – Conferir?
HOMEM – É, você não acha?
MULHER – ...
HOMEM – Não sei se esse tamanho...
MULHER – (Cortante.) É o suficiente? Agora é tarde.
HOMEM – Nós temos todo o tempo do mundo.
MULHER – Não quero mais esperar, tem que ser hoje.
HOMEM – Nada pode dar errado.
MULHER – (Rápida.) Não vai dar errado. É só você fazer o que eu disse.
HOMEM – Eu chego lá, falo com ela...
MULHER – Isso de novo? (Pausa.) Você chega lá e acaba com essa história.
HOMEM – É melhor você tentar manter a calma.
MULHER – Eu estou calma, meu amor, eu só quero me livrar disso. Sonhei de novo com a porra dessa história. Chega lá, acaba com isso e traz a mala. Entendeu?

(Pausa.)

MULHER – Entendeu?
HOMEM – Eu venho pra cá?
MULHER – Aqui eu resolvo o resto. E vê se não me liga no meio do caminho. Acaba com isso e vem correndo.

HOMEM – Você não quer me esperar lá?

MULHER – Claro que não. Você volta de táxi pra não dar bandeira.

HOMEM – Eu tô estranho. (Pausa.) E se der alguma merda pra gente?

MULHER – (Pra cima dele, calmamente.) Merda? Que merda que pode dar, hein? Que merda? (Pausa, outro tom. Acende um cigarro.) Vai amarelar agora?

HOMEM – Não.

MULHER – A gente tá na merda.

HOMEM – Não podemos resolver isso de outro jeito?

MULHER – Outro jeito...?

HOMEM – Sei lá...

MULHER – (Cortante e um pouco agressiva.) Você sempre fala isso... sempre com essa história de que podemos superar, mas você não quer. Se você quisesse resolver de outro jeito já teria resolvido, querido. (Lenta.) MAS VOCÊ NÃO QUER!

(Pausa.)

HOMEM – (Desconsertado.) É que eu não sei mesmo.

MULHER – Se você não encontra uma solução, eu encontrei.

HOMEM – Só espero que essa seja mesmo a melhor solução...

MULHER – É. (Olha fixamente para ele.) Eu assumo o risco... entendeu?

(Pausa.)

MULHER – (Outro tom, um pouco desnorteada.) Procure não demorar muito.
HOMEM – Pega meu remédio.
MULHER – Não. Se você relaxar vai cagar nas calças.
HOMEM – Você é foda!
MULHER – Bolsa cheia, tá me entendendo? Bolsa cheia.

(Pausa.)

HOMEM – (Verificando os bolsos.) Caralho.
MULHER – O que foi?
HOMEM – Liga aí pro meu celular.
MULHER – Não vem com essa agora.
HOMEM – Onde está o meu celular?
MULHER – (Nervosa.) Eu não sei do teu celular. Vai lá que quando voltar eu acho o teu celular.
HOMEM – Ela está em casa?
MULHER – Te esperando.
HOMEM – Não sabia que ia ser assim.
MULHER – Você queria que fosse como?
HOMEM – Você me espera aqui?
MULHER – Espero. E presta atenção em tudo. Qualquer descuido, você roda.
HOMEM – Putz!
MULHER – Esse tormento vai acabar daqui a pouco, pode acreditar. E vai ser só a gente (Provocativa.), se você quiser.

(*Blackout.*)

CENA II

(HOMEM e MULHER 2.)

HOMEM – Não vai me convidar pra entrar?
MULHER 2 – Pra quê?
HOMEM – (Sacana.) Você sabe pra quê.
MULHER 2 – (Seca.) Não quero.
HOMEM – Como assim?
MULHER 2 – Desse jeito.
HOMEM – E se eu entrar?
MULHER 2 – Você já entrou.
HOMEM – (Avança.) E agora?
MULHER 2 – (Irônica.) E agora?
HOMEM – É.
MULHER 2 – Você sempre foi assim.
HOMEM – Você não gosta?
MULHER 2 – (Afasta.) Não.
HOMEM – Está ocupada?
MULHER 2 – Tô me preparando pra sair.
HOMEM – Está tudo bem?
MULHER 2 – Indo.

(Pausa.)

HOMEM – Por que não atendeu minhas ligações hoje?

MULHER 2 – Você viu que eu te liguei ontem?
HOMEM – Não.
MULHER 2 – Pois é.

(Pausa.)

HOMEM – Você me ligou pra quê?
MULHER 2 – Nada de mais. Já passou.

(Silêncio.)

HOMEM – Não quer falar...
MULHER 2 – Tô...
HOMEM – ...comigo?
MULHER – ...falando.

(Pausa.)

HOMEM – Desse jeito, não. Vai ficar me ignorando?
MULHER 2 – Eu não estou te ignorando...

(Pausa.)

HOMEM – Por que isso agora?
MULHER 2 – Olha o que você fez.
HOMEM – Só por que eu não vi a tua ligação?
MULHER 2 – Não é por isso.

(Pausa.)

HOMEM – Mas a gente estava de boa.
MULHER 2 – Até quando a gente vai ficar nessa?
HOMEM – Foi você quem quis assim.
MULHER 2 – Eu quis assim? Você saiu daqui, foi morar com ela e eu quis assim?

(Pausa.)

HOMEM – Mas isso. (Outro tom.) Você deveria cobrar menos.
MULHER 2 – No início foi fraqueza, saudade. Sei lá o que foi. Agora...
HOMEM – Agora o quê?
MULHER 2 – (Seca.) Eu cansei... (Pausa. Tentando convencer.) E essa coisa de ter que ficar aqui te esperando não dá mais, entendeu? Dá pra entender? Não ROLA mais. Você quis ficar com ela, não quis? Então, fica com ela.
HOMEM – Mas a gente já falou sobre isso.
MULHER 2 – Já, por isso mesmo.
HOMEM – Não está sendo fácil pra mim também.
MULHER 2 – Não?
HOMEM – (Avança.) Nem um pouco.
MULHER 2 – (*Sexy.*) É?
HOMEM – (Carente.) Aham...
MULHER – (Cedendo.) Eu imagino.
HOMEM – Sério?
MULHER 2 – (No ouvido dele. Arqueando. Irônica.) Bonita a bolsa. Deu pra sair assim, agora?
HOMEM – (Afasta.) Como?

MULHER 2 – De bolsa.
HOMEM – É...
MULHER 2 – (Rápida.) Ela tem bom gosto, pelo menos.
HOMEM – Não foi ela quem me deu.
MULHER 2 – Não precisa mentir.
HOMEM – Você sempre mentiu.
MULHER 2 – (Impaciente.) Ah tá bom...
HOMEM – O quê?
MULHER 2 – ...
HOMEM – ...
MULHER 2 – Acaba logo com isso.
HOMEM – Como assim?
MULHER 2 – (Sussurrando no ouvido dele.) Vai embora, querido.
HOMEM – É o que você quer?
MULHER 2 – É.
HOMEM – (Se aproximando.) É mesmo?
MULHER 2 – Por que você está me perguntando isso?
HOMEM – (Beijando o pescoço dela.) Pra eu ter certeza de que você não quer mais.
MULHER 2 – (Rendida.) Eu não quero. Mais.
HOMEM – (Passando a mão no corpo dela.) Eu sei. (Ela o empurra.)
MULHER 2 – Vai, é sério!

(Pausa.)

HOMEM – Está o dia todo em casa?
MULHER 2 – Trabalhei em casa.
HOMEM – Trabalhou em casa?

MULHER 2 – É.

(Pausa.)

MULHER 2 – Tenho um compromisso.
HOMEM – Agora?
MULHER 2 – Daqui a pouco.

(Ela acende um cigarro.)

HOMEM – O que houve aí? (Apontando para o pulso.)
MULHER 2 – Nada de mais.
HOMEM – O que aconteceu?
MULHER 2 – Estava limpando a janela e o vidro quebrou...
HOMEM – Qual janela?
MULHER 2 – Do meu quarto.
HOMEM – Posso ver?
MULHER 2 – Pra quê?
HOMEM – À toa.
MULHER 2 – (Insinuando.) E por que eu deveria te levar até lá?
HOMEM – (Sacana.) ...
MULHER 2 – (*Sexy.*) ...
HOMEM – Não?
MULHER 2 – (Faz que não com a cabeça.)
HOMEM – (Outro tom.) Continua mentindo.
MULHER 2 – (Lânguida.) O teu problema é ser muito... (Pausa.)
HOMEM – O quê? Pode falar. (Inseguro.) Eu vim aqui pedir pra você parar. É. Parar de ligar pra lá.

MULHER 2 – ...inoportuno.

(Pausa.)

HOMEM – Ela está irritada com as ligações.
MULHER 2 – Você deveria acalmá-la.
HOMEM – Eu tento. Já disse que não tem nada. Mas ela, você sabe como é.
MULHER 2 – Sei.
HOMEM – Vamos deixar as coisas como estão?
MULHER 2 – (Para e fica olhando para ele.)
HOMEM – É. (Pausa.) O que você quer que eu faça?
MULHER 2 – ...
HOMEM – A gente continua se vendo. Você está recebendo o dinheiro?
MULHER 2 – Não precisa mandar mais, eu já te falei.
HOMEM – Por enquanto é o que está dando.

(Pausa.)

MULHER 2 – Olha, sai daqui, é o melhor que você pode fazer agora.
HOMEM – Me promete que você vai parar com as... (Outro tom.) Por nós!
MULHER 2 – ...

(Pausa.)

HOMEM – A gente vai ficar bem?
MULHER 2 – Ficar bem?

HOMEM – Assim você dificulta as coisas.
MULHER 2 – Eu tô querendo aliviar as coisas.
HOMEM – Eu não consigo ficar.
MULHER 2 – Consegue, sim.
HOMEM – Tá foda.

(Pausa.)

MULHER 2 – (Passando batom.) Ela não está sendo boa o suficiente?
HOMEM – Não é isso.
MULHER 2 – Não?
HOMEM – Eu não quero.
MULHER 2 – Abrir mão de uma foda?
HOMEM – Não fala assim.
MULHER 2 – É isso que virou. É isso que a gente faz. Só que pra mim não dá mais. Pra ela, eu fico te ligando pra trepar: "a ex-mulher não consegue arrumar nada", mas você sabe.
HOMEM – Eu sei.
MULHER 2 – Eu já pedi pra você cortar o dinheiro.
HOMEM – Mas eu quero te ajudar.
MULHER 2 – Você quer me ajudar?
HOMEM – Quero.

(Pausa.)

MULHER 2 – Vai.
HOMEM – Não faz isso.
MULHER 2 – (Impaciente.) O que é? Ela não dá pra você?

HOMEM – Para de falar assim.
MULHER 2 – (Ri de forma desanimadora.)
HOMEM – Não é tão simples assim.
MULHER 2 – Eu imagino.
HOMEM – Com você é outra coisa.

(Pausa.)

MULHER 2 – Ela grita muito? Como é que ela goza? Ela te chupa?
HOMEM – Pra que você quer saber?
MULHER 2 – Por que eu tenho esse direito, não tenho? (Pausa.) Grita?

(Pausa.)

HOMEM – Mais do que você.
MULHER 2 – Mais em quantidade ou em volume?

(Pausa.)

HOMEM – Pra quê?
MULHER 2 – Fala.
HOMEM – Quantidade.
MULHER 2 – E você gosta?
HOMEM – Você sabe que eu gosto.

(Pausa.)

MULHER 2 – Então, fica com ela.

HOMEM – ...

MULHER 2 – Isso mesmo. (Outro tom.) Ontem eu quase morri. E onde você estava?

HOMEM – Você podia ter ligado no meu celular.

MULHER 2 – Eu liguei, mas você desligou.

HOMEM – Eu não desliguei, eu...

MULHER 2 – Sério, você está me atrasando.

HOMEM – O que aconteceu?

(Pausa.)

MULHER 2 – Eu desperdicei uma vida com você.

HOMEM – Como assim?

MULHER 2 – Avisa pra ela que eu não vou mais ligar, que acabou.

HOMEM – Você tá com outro?

MULHER 2 – Que outro? Que outro? É só nisso que você pensa?

HOMEM – Você tá sozinha?

MULHER 2 – Vai!

(Pausa.)

HOMEM – Tá com alguém aí?

MULHER 2 – (Risos.)

HOMEM – Por isso eu não posso ver o teu quarto?

MULHER 2 – (Impaciente.) Não, não é por isso. Ele está bagunçado e com cheiro forte de sangue.

HOMEM – Você não limpou?

MULHER 2 – (Respira fundo.)

HOMEM – Foi que horas?
MULHER 2 – ...

(Pausa.)

HOMEM – Vamos dar mais uma chance?

(Pausa.)

HOMEM – Hein?
MULHER 2 – (Rápida.) Já pedi pra você ir.
HOMEM – Não posso. Isso eu não posso.
MULHER 2 – Faça uma força.
HOMEM – Não faz isso.
MULHER 2 – Por favor.
HOMEM – Não vamos acabar assim.
MULHER 2 – Acabar?
HOMEM – E se eu deixar ela?
MULHER 2 – A questão não está nela. É a gente.
HOMEM – Não consigo te entender.
MULHER 2 – Não tenta me entender. (Outro tom.) Olha pra você.
HOMEM – Nada do que eu fizer muda isso, não é?
MULHER 2 – A gente já tentou tantas vezes.
HOMEM – Só que desta vez...
MULHER 2 – (Rápida.) Não dá mais.
HOMEM – Mas e se...
MULHER 2 – (Aumentando e lenta.) Eu não quero.
HOMEM – Deixa pelo menos eu vir aqui.
MULHER 2 – Pra quê?

HOMEM – Conversar, sei lá.
MULHER 2 – ...

(Ele chora. Pausa longa.)

HOMEM – Eu não quero deixar você.
MULHER 2 – Por favor.
HOMEM – É sério, tá sendo muito difícil pra mim essa situação.

(Pausa.)

HOMEM – Deixa eu ficar mais um pouco. Só mais um pouco.
MULHER 2 – ...
HOMEM – Ela...
MULHER 2 – Não fala dela, por favor. (Pausa.) Eu não quero mais ouvir nada dela. Já reparou que o nosso assunto de sempre é ela? Que a nossa vida virou a vida dela? Volta pra lá, eu não vou mais te ligar, você não vai mais me ligar e vai ficar tudo bem.

(Ele chora mais. Pausa.)

MULHER 2 – Vou pegar uma água.

(Ela sai. Ele tira a arma de dentro da bolsa. Ela volta com a água.)

MULHER 2 – O que você está fazendo?

HOMEM – Eu não queria.
MULHER 2 – Larga isso.
HOMEM – Eu não queria fazer isso com você, mas ela...
MULHER 2 – (Lenta.) Abaixa essa arma.
HOMEM – Ela sabe de tudo. Ela está com o meu celular. Ela...

(Pausa.)

MULHER 2 – Por favor, abaixa essa arma.
HOMEM – Ela...
MULHER 2 – Toma um pouco de água, fica calmo.
HOMEM – Você ainda me ama?
MULHER 2 – Calma, abaixa isso.
HOMEM – VOCÊ AINDA ME AMA?
MULHER 2 – ...

(Toca a campainha.)

HOMEM – (Fora de si, falando baixo.) Está esperando alguém?
MULHER 2 – (Trêmula.) Não.

(Ele fica descontrolado com a campainha, que toca novamente. Choro brando.)

HOMEM – Tá com medo de morrer?
MULHER 2 – ...
HOMEM – Você não queria morrer? Deixa eu ver isso que você fez aí?

MULHER 2 – Para com isso.

HOMEM – (Raiva. Entre dentes.) Ela tá muito irritada com você.

MULHER 2 – Abaixa.

HOMEM – Ela está fora do sério. (Riso nervoso.)

MULHER 2 – (Trêmula.) É o que você quer?

HOMEM – Foi você quem pediu isso. Eu vim.

MULHER 2 – (Cortante.) Vai logo.

HOMEM – (Assustado.) O quê?

MULHER 2 – Acaba com isso.

(Campainha de novo.)

(Ele chora.)

HOMEM – (Desnorteado.) Eu não consigo.

(Pausa.)

MULHER 2 – Toma um pouco de água.

HOMEM – Não me deixa, por favor.

MULHER 2 – Toma um pouco de água e tenta se acalmar. Abaixa essa arma.

HOMEM – Você ainda me ama, não é?

(Ele vai abaixando a arma.)

MULHER 2 – Toma, fica calmo, a gente vai resolver isso.

HOMEM – Eu só queria saber. Tá sendo... Eu amo você. Vamos tentar de novo. Agora vai ser diferente.

MULHER 2 – Eu sei que não é. Que não vai.
HOMEM – Não sabe. Se você soubesse não estaria me evitando.
MULHER 2 – Não é questão de evitar.
HOMEM – É o que, então?
MULHER 2 – ...
HOMEM – E por que você continuou me procurando?
MULHER 2 – (Carente.) Não sei.
HOMEM – Ela sabe que eu venho aqui, ela sabe que a gente se vê esse tempo todo, ela sabe de tudo.
MULHER 2 – Do mesmo jeito que ela sabia que você era casado.
HOMEM – Eu tô fodido.
MULHER 2 – Isso vai passar.
HOMEM – Mas eu não quero que passe.
MULHER 2 – Não fica assim.
HOMEM – Você está melhor do que eu. (Acende um cigarro.)
MULHER 2 – Melhor do que você? Eu tô tentando, cara, só isso.
HOMEM – ...
MULHER 2 – E outra, eu só liguei ontem pra você.
HOMEM – ...
MULHER 2 – As outras foram suas, pra cá. Eu não posso fazer nada se você não apaga.
HOMEM – (Respira fundo.) Pega meu remédio pra mim?
MULHER 2 – (Irritada.) Você está me atrasando.
HOMEM – Desculpa.
MULHER 2 – E vê se não fica andando armado por aí. Se para numa *blitz* você vai dizer o quê?
HOMEM – Sei lá.

MULHER 2 – Idiota.
HOMEM – Sou mesmo. (Com tesão.) Vem cá.
MULHER 2 – Não, você vai tirar meu batom. (Entrega a pílula.)
HOMEM – Obrigado!
MULHER 2 – Vai pra casa, agora.
HOMEM – Foda! O que eu vou dizer pra ela?
MULHER 2 – Ah, meu bem, você que entrou nessa, agora você se vira.
HOMEM – Você podia me ajudar, pelo menos, né?

(Pausa.)

MULHER 2 – Diga que você me matou. Sei lá. Que eu não estava em casa. Inventa. Você é mestre nisso.
HOMEM – Também não é assim, vai.
MULHER 2 – Tá bom, me dê notícias.
HOMEM – Tá.
MULHER 2 – Ah, vê se apaga as chamadas.
HOMEM – Aham.

(Pausa.)

MULHER 2 – ...
HOMEM – Não vai descer?
MULHER 2 – Daqui a pouco.

(*Blackout*.)

CENA III

(Mulher está ansiosa. Entra Homem e deixa a arma sobre a mesa.)

MULHER – PORRA, que demora!
HOMEM – (Seco.) Acabou.
MULHER – O QUÊ?
HOMEM – Isso mesmo.
MULHER – Caralho!
HOMEM – Agora você pode relaxar.
MULHER – Relaxar? Tá maluco? Cadê a bolsa?
HOMEM – Tá no carro.
MULHER – MERDA!
HOMEM – O quê?
MULHER – Vamos logo. (Se arrumando.)
HOMEM – ...
MULHER – Como que foi?
HOMEM – Tudo do jeito planejado.
MULHER – Alguém ouviu alguma coisa?
HOMEM – Não vi nada diferente.
MULHER – Teve que usar a arma?
HOMEM – Não.
MULHER – (Gargalhadas.) MEU DEUS!!!

(Ela pula no colo dele e eles se beijam.)

MULHER – Hum... vamos logo, daqui a pouco aquela merda começa a feder.
HOMEM – Achou meu celular?
MULHER – Que celular?
HOMEM – Cacete, meu celular.
MULHER – Ah, nem vi.
HOMEM – Que merda!

(Ele se senta, preocupado. Pausa.)

MULHER – (Em êxtase.) Eu não tô acreditando. Anda, vamos logo!
HOMEM – O que a gente vai fazer com aquilo?
MULHER – Não sei, ainda.
HOMEM – Vamos pensar aqui, então. Não dá pra sair com isso assim.
MULHER – Pensei em colocar fogo!
HOMEM – E onde?
MULHER – Sei lá, algum lixão.
HOMEM – Aham... num local cheio de gente.
MULHER – Gente pobre, eles nem vão notar.
HOMEM – Claro que vão. Temos que desaparecer com o corpo.
MULHER – Tocou em alguma coisa, lá?
HOMEM – Não.
MULHER – Colocou tudo na bolsa?
HOMEM – Coloquei.

(Ela sai e volta com um champagne.)

HOMEM – Que é isso?
MULHER – Como o que é isso?
HOMEM – Que porra é essa?
MULHER – Um champagne.
HOMEM – Eu sei que é um champagne.
MULHER – Então por que tá perguntando?
HOMEM – Não vai dar tempo. A gente precisar sumir com aquilo.
MULHER – O serviço já tá feito, você sabe quanto custa uma garrafa disso, seu merdinha? Agora é hora de comemorar.
HOMEM – Não tô a fim de comemorar, quero tirar aquilo do carro.
MULHER – A gente já vai tirar.
HOMEM – Então não enrola.
MULHER – Não tô entendendo.
HOMEM – Eu que não estou entendendo você.
MULHER – Calma. Que ansiedade é essa? (Lenta.) Você já não...?
HOMEM – Matei?
MULHER – Então, meu bem, 15 minutinhos não vão fazer a menor diferença.
HOMEM – Não?
MULHER – Não. Precisamos pensar em outra coisa, já que o lixão é movimentado.
HOMEM – Como é que a gente vai desaparecer com o corpo?
MULHER – ...
HOMEM – Isso que dá, a gente é amador demais, como que se desaparece com um corpo?

MULHER – ...
HOMEM – Você não tinha pensado em tudo?
MULHER – Nem vem, é só pensar. Temos um corpo no nosso porta-malas, precisamos sumir com ele. (Pausa.) Preciso beber.
HOMEM – Não tô a fim de beber.
MULHER – Eu tô.
HOMEM – Eu vou tomar um banho, então. (Sai.)

(Ela estoura o champagne e bebe.)

MULHER – Que maravilha! Agora como que eu sumo com aquele corpo?
HOMEM – Viu minha toalha?
MULHER – Atrás da porta do quarto.
HOMEM – Não tem nada.
MULHER – Pega outra, então.

(Sai; depois volta.)

MULHER – As coisas dela ficam com você?
HOMEM – Como assim?
MULHER – Vocês ainda são casados, não são?
HOMEM – Somos.
MULHER – E ela possuía alguma coisa? Provavelmente nada, né?
HOMEM – Não sei.
MULHER – Será que ela não tinha um dinheiro guardado ou coisa assim, de valor?
HOMEM – Não sei.

MULHER – Como não sabe? (Outro tom.) Quando você sair do banho, fecha o chuveiro direito pra não ficar pingando.
HOMEM – Tá.
MULHER – Ela não devia ter muita coisa.
HOMEM – Por quê?
MULHER – Você mandava dinheiro pra ela.
HOMEM – Claro que não.
MULHER – Não?
HOMEM – Não.
MULHER – ...
HOMEM – Não mandava.
MULHER – (Gargalhada.)
HOMEM – O que foi?
MULHER – Queria muito ver a cena de você picando ela.
HOMEM – (Risos.)
MULHER – Você não está sujo de sangue.
HOMEM – Usei um avental que tinha lá.

(Sai, ela fica sozinha na sala, bebendo.)

MULHER – O que você fez primeiro?
HOMEM – Como assim?
MULHER – O que você fez primeiro? PRIMEIRO. Entendeu?
HOMEM – Bati na cabeça e...
MULHER – E ela desmaiou na hora?
HOMEM – Tive que bater duas vezes.
MULHER – (Gargalhadas.) E foi difícil picar?
HOMEM – Foi. Usei aquele facão que você colocou.

MULHER – Facão?
HOMEM – O de cabo branco.
MULHER – Ah sei.
HOMEM – Mas foi difícil. Eu não sabia que osso era tão difícil de cortar.
MULHER – Eu disse pra você levar a serra.
HOMEM – Mas aí eu ia ficar dias serrando tudo. Preferi meter o facão.

(Ela se levanta, vai até a cozinha e pega o facão.)

MULHER – Ah! Parabéns, amor! Eu sabia perfeitamente que você tinha força pra ENFIAR a faca nela!

(Ela esconde o facão quando ele volta.)

HOMEM – Posso usar esta toalha?
MULHER – Não, essa é minha. Pega outra lá no armário.
HOMEM – Tá.
MULHER – E você pegou o facão dentro da bolsa, depois de ela desmaiar, e cortou ela toda?
HOMEM – Foi mais ou menos isso. Mas com muita força.
MULHER – Como assim?
HOMEM – Primeiro eu ameacei com a arma. Ela ficou apavorada. (Suspense.) Quando ela se aproximou, eu enfiei o bastão na cabeça dela. Ela desmaiou. Daí eu bati de novo. Esfaqueei e... (Terror.) Comecei a cortar. Com força!
MULHER – Sei. E aí você pegou o facão que estava dentro da bolsa e cortou ela?

HOMEM – Já disse isso.
MULHER – E você usou as coisas que estavam na bolsa?
HOMEM – Usei, claro. Não tô te entendendo.
MULHER – Não tenta, querido. Responde, só isso! (Pausa.) Mais o quê?

(Ele volta.)

HOMEM – Ah, não vou lembrar.
MULHER – Sei.
HOMEM – Vou tomar banho.
MULHER – (Misteriosa.) Antes, vem aqui. Me dar outro beijo.

(Eles se beijam.)

HOMEM – PORRA!
MULHER – O que foi?
HOMEM – Você mordeu.
MULHER – Está sangrando.
HOMEM – Por que você fez isso?
MULHER – Não percebi.
HOMEM – Está sangrando.
MULHER – Eu mordi forte.
HOMEM – Muito.
MULHER – Desculpa, querido.
HOMEM – Não, tudo bem.
MULHER – Você está bem?
HOMEM – Estou, por quê?
MULHER – Não...

HOMEM – Que dor.
MULHER – Desculpa.
HOMEM – Sei...

(Pausa.)

HOMEM – O que foi?
MULHER – Por quê?
HOMEM – Por que você está me olhando assim?
MULHER – Eu tô pensando aqui. Você tá demorando muito pra ir tomar esse banho.
HOMEM – Já tô indo.
MULHER – (Fúnebre.) Tô só esperando você. Enquanto isso, eu vou lá no carro ver o...
HOMEM – Não!
MULHER – Não? Por quê?
HOMEM – Não vai mexer com aquilo aqui, e se alguém entra na garagem?
MULHER – É por isso?
HOMEM – É.
MULHER – Na garagem!
HOMEM – E você está me atrasando.
MULHER – Então vai logo.
HOMEM – Prepara alguma coisa pra eu comer.
MULHER – O quê?
HOMEM – Sei lá... qualquer coisa.
MULHER – Você deixou o coração inteiro?
HOMEM – Você não tá pensando...?
MULHER – Por que não?

homem – Que é isso! Para com isso. Prepara qualquer coisa, rapidinho.
mulher – Tá.

(Pausa.)
homem – Está tudo bem?
mulher – Não está?
homem – Tô com fome, amor.
mulher – Tá. (Ele sai.) Vou arrumar sua comida. Seu mentiroso filho da puta!

(Ela pega o facão, coloca na bolsa, pega a arma que está na mesa e sai.)

CENA IV

(Campainha toca duas vezes.)

MULHER – Oi. Tudo bem?
MULHER 2 – Tudo.
MULHER – (Desconcertada.) Eu sou a sua vizinha aqui de baixo, como vai?
MULHER 2 – Bem.
MULHER – Eu tô com um problema no meu telefone, é que a gente se mudou esta semana e a empresa de telefonia ainda não veio fazer alguns reparos, será que eu poderia usar o seu? É que meu marido...
MULHER 2 – Pode sim, claro. É celular, tem problema?
MULHER – Se incomoda?
MULHER 2 – Entra.
MULHER – Obrigada, com licença.
MULHER 2 – Vou pegar.
MULHER – Obrigada.

(Mulher 2 sai e volta com o telefone.)

MULHER – Eu tô morrendo de vergonha de usar o teu celular.
MULHER 2 – Não tem problema.
MULHER – Meu marido saiu com o meu e o dele.

(Discando do celular.)

MULHER 2 – Bonita a bolsa.
MULHER – Hein?
MULHER 2 – Gostei da bolsa.
MULHER – Ah. Obrigada.
MULHER 2 – Meu marido tem uma...
MULHER – Você é casada?
MULHER 2 – Sou. Quer dizer, mais ou menos.
MULHER – Nós duas.
MULHER 2 – ...
MULHER – Casadas.
MULHER 2 – Na verdade... É.

(Pausa. Disca, desliga.)

MULHER – Ele não está...
MULHER 2 – Ele não mora aqui.
MULHER – ... atendendo, deve estar ocupado.
MULHER 2 – Ah.
MULHER – Será que eu poderia esperar um pouco?
MULHER 2 – Claro!
MULHER – Ele deve estar no trânsito.
MULHER 2 – Espera aí e tenta de novo daqui a pouco. Fuma?
MULHER – Fumo.

(Acendem os cigarros.)

MULHER 2 – Se mudou quando?

MULHER – Uma semana.
MULHER 2 – Ah, verdade. Não conheço ninguém aqui. Está gostando?
MULHER – Pode ser. Ainda não conheço muito a região.
MULHER 2 – Daqui a pouco você se acostuma.
MULHER – Eu me acostumo.
MULHER 2 – Não queria ter vindo pra cá?
MULHER – Não.

(Pausa.)

MULHER 2 – Eu gosto daqui.
MULHER – Tem quanto tempo que você mora aqui?
MULHER 2 – Uns dois anos.
MULHER – Tá.

(Pausa.)

MULHER 2 – Tem filhos?
MULHER – Não.
MULHER 2 – E...
MULHER – Não gosto de crianças.
MULHER 2 – Nem eu. (Risos.)
MULHER – Então você também não tem?
MULHER 2 – Tinha um gato, mas ele morreu.
MULHER – Eu também tive um gato, mas tive que doar por conta de higiene.
MULHER 2 – Faz muita bagunça.
MULHER – Muita. E meu marido tem alergia a pelo.
MULHER 2 – O meu também. Tinha.

MULHER – Melhorou?

MULHER 2 – Acho que não. O gato caiu do prédio em que morávamos e foi atropelado na rua.

MULHER – Que trágico.

MULHER 2 – Pode parecer que sim.

MULHER – (Cara de interrogação.)

MULHER 2 – A convivência entre a gente é muito difícil. Vivemos o tempo todo no fio da navalha.

MULHER – Não, disse do gato.

MULHER 2 – O que tem?

MULHER – O fim dele foi trágico.

MULHER 2 – Ah! Foi, mas eu já estava cansada de cuidar de bicho.

MULHER – Você é má!

MULHER 2 – Era só um gato.

MULHER – Gatos...

MULHER 2 – Você é casada há quanto tempo?

MULHER – Uns três anos.

MULHER 2 – Aham.

MULHER – Quer se casar de novo?

MULHER 2 – Não sei.

MULHER – Você disse que era casada mais ou menos.

MULHER 2 – Essas coisas de separar e não separar.

MULHER – Ele se casou de novo?

MULHER 2 – Tá morando com outra.

MULHER – Ah tá.

MULHER 2 – Confuso isso.

MULHER – Você a conhece?

MULHER 2 – Não. Quer dizer, por ele.

MULHER – E ela sabe que ele vem aqui?

(Pausa.)

MULHER 2 – Só se ele falar.

(Pausa.)

MULHER – Não sabe.
MULHER 2 – É.

(Pausa.)

MULHER – E se ela soubesse?
MULHER 2 – Não sei. Talvez viesse aqui? Ou não faria nada. Enfim.
MULHER – Eu não sei o que eu faria.

(Pausa. As duas se olham.)

MULHER 2 – (Desconfiada.) Você viria?
MULHER – Não sei.

(Pausa.)

MULHER 2 – Quando eu te vi... é... Na verdade, quando eu vi você com essa...
MULHER – Pensou que eu fosse ela.
MULHER 2 – É. Não, não é isso. É que ele esteve aqui hoje. É um saco isso, né?
MULHER – É. Eu entendo. (Pausa.) Posso usar?
MULHER 2 – Claro.

(Disca. Espera. Desliga.)

MULHER 2 – Nada ainda?
MULHER – Não atende.

(Pausa.)

MULHER – Posso ir ao banheiro?
MULHER 2 – Pode. Fica nesse corredor.
MULHER – Gostei de conhecer você.
MULHER 2 – É. Eu também. Vai ser bom te ter...
MULHER – Como vizinha. Vai mesmo.

(Quando ela sai, Mulher 2 vai rapidamente até a bolsa. Abre e olha espantada as coisas que tem dentro: facão, barra de metal, panos de chão, material de limpeza. Mulher aparece ao fundo.)

MULHER – Você costuma mexer nas coisas das pessoas que vêm à sua casa?

(Pausa longa.)

MULHER 2 – É que você... é... que você... você... me pediu pra usar o banheiro.
MULHER – Invasão de privacidade. Sabia? (Pausa.) Está procurando o quê?
MULHER 2 – Não. Desculpa.
MULHER – (Tira a arma de trás e coloca na frente da calça.) Não costumo andar com dinheiro na bolsa.

(Mostra o dinheiro no sutiã.)

MULHER 2 – Desculpa, eu não queria...

MULHER – Ser desonesta?

MULHER 2 – É.

MULHER – Eu sei. No seu lugar eu faria a mesma coisa.

(Pausa.)

MULHER 2 – Você achou o banheiro?

MULHER – Não. Eu me lembrei que eu sou sua vizinha e...

MULHER 2 – Não precisa do...

MULHER – Claro. (Pausa.) Voltei pra te fazer uma pergunta.

MULHER 2 – (Assustada.) Tá.

(Pausa.)

MULHER – Você tem uísque?

MULHER 2 – (Faz que sim com a cabeça.) Tenho.

MULHER – Com bastante gelo.

MULHER 2 – Tá.

MULHER – Tá nervosa?

MULHER 2 – Não.

MULHER – Pensei que estivesse.

MULHER 2 – É.

MULHER – Pode guardar as minhas coisas?

MULHER 2 – Desculpa.

MULHER – ...

MULHER 2 – Eu não tive a intenção.

MULHER – Você tem sempre boas intenções, não é?
MULHER 2 – Desculpa.

(Pausa.)

MULHER – E o teu marido? Fala mais dele.
MULHER 2 – Ele...
MULHER – Quantas vezes na semana ele vem?
MULHER 2 – (Lenta.) Eu não sei.
MULHER – Não?
MULHER 2 – Não.
MULHER – (Calmíssima.) Pode falar. Eu não vou contar para a outra.
MULHER 2 – Não... ele...
MULHER – O que ele te fala dela?
MULHER 2 – ...
MULHER – Humm. Minha garganta está seca, pega o uísque pra mim.
MULHER 2 – Tá.
MULHER – (Irônica.) Promete que não vai tentar nada?

(Mulher 2 faz que sim com a cabeça.)

MULHER – Com bastante gelo. (Acende um cigarro.) Eu gosto com bastante gelo. E você?

(Mulher 2 vem trêmula com o copo.)

MULHER – Obrigada.
MULHER 2 – ...

MULHER – Fica calma. Nada de mal vai te acontecer, tá? Eu estou aqui. Sou tua amiga.
MULHER 2 – ...
MULHER – E pra que servem os amigos se não pra nos ajudar, não é verdade?
MULHER 2 – ...
MULHER – Mudei de ideia, quero sem gelo.

(Mulher retira o gelo com a mão.)

MULHER – (Bebe rapidamente.) Eu queria mais, se não for abusar de você.
MULHER 2 – Não. (Sai e volta tremendo.)
MULHER – Sabe o que eu queria, também? Ah, isso você não vai ter. (Bebendo.) Cigarro de palha.
MULHER 2 – Não.

(Mulher bebericando o uísque. Silêncio.)

MULHER – Você mora aqui há dois anos?
MULHER 2 – Sim.
MULHER – Gostei daqui. (Pausa. Ela rumina as palavras.) É simples... calmo... muito calmo...
MULHER 2 – ...
MULHER – Você não acha?

(Mulher 2 está nervosa.)

MULHER – Você estava tão falante e agora! Conversa comigo. Continua falando de você. (Sussurrando.)

Eu sei pouco a seu respeito. Tô me sentindo tão angustiada. O que houve aí no seu pulso?

MULHER 2 – Machuquei.

MULHER – Ele não merece isso.

(Pausa.)

MULHER 2 – O que você pretende fazer?

MULHER – Não entendi.

MULHER 2 – Comigo.

MULHER – (*Sexy.*) Isso é uma proposta?

MULHER 2 – ...

MULHER – (*Sexy.*) Você vai me dizer o que eu devo fazer.

MULHER 2 – Por favor...

MULHER – Ah, não. Eu acho que a gente se deu tão bem. (Passando a mão nos cabelos dela.) Cheiro bom!

MULHER 2 – Por favor...

MULHER – Teu marido deve vir aqui todos os dias só pra sentir esse cheiro.

MULHER 2 – ...

MULHER – Você tem um batom?

(Pausa.)

MULHER 2 – (Amedrontada.) Vou buscar. (Sai.)

MULHER – Você é incrível! Traz um copo pra você também.

(Mulher 2 volta com um batom.)

MULHER – Que lindo. Passa em mim? Não, primeiro eu passo em você. (Passa o batom nela.) Agora é você. (Mulher 2 está tão nervosa que passa o batom fora dos lábios. Mulher lhe dá um tapa na cara.) Sua burra, olha o que você está fazendo! Desculpa. Mas vê se não faz mais merda. Olha você, passei sem nenhum... Tá linda. Vamos soltar esse cabelo. Isso. Assim. Olha que... Nossa, mas esse teu perfume é tão bom. Não vai me dizer que não passou perfume?

(Pausa.)

MULHER 2 – Passei.
MULHER – Será que eu incomodaria muito se pedisse um pouco?
MULHER 2 – Não. (Sai e volta com o perfume.)
MULHER – Onde você gosta de passar?

(Mulher 2 aponta para a nuca.)

MULHER – Só?
MULHER 2 – (Apontando para o pescoço.) Aqui também.
MULHER – Agora olha, eu tô cheirosa? Sente.
MULHER 2 – ...
MULHER – (Grita.) FALA!
MULHER 2 – Tá.
MULHER – Deixa eu ver, pega um espelho.

(Mulher 2 sai e pega um espelho.)

MULHER – O batom está uma merda. Vem cá. (Limpa a boca na blusa da outra.) Hummm. (Cantarola alguma coisa.) Ahhh, agora sim. Estamos parecidas?
MULHER 2 – ...
MULHER – Não, né? Falta uma coisa (Solta o cabelo.) Agora vem cá, senta aqui. (Elas se sentam uma de frente para outra.) O que achou? Hum? Fala. O que você achou?

(Pausa longa.)

MULHER – Você gosta de se arrumar pra ele?
MULHER 2 – ...

(Pausa.)

MULHER – (Respirando fundo.) Nossa, mas esse perfume é bom de... Acho que já senti em alguma coisa. Mas me conta, você se arruma? Assim... todinha, sempre?
MULHER 2 – ...
MULHER – Ele deve adorar, né? Homem adora. Deve ser uma loucura.
MULHER 2 – ...
MULHER – Vocês juntos devem ser uma coisa. Fala como é.
MULHER 2 – Ele não...
MULHER – Querida, não precisa dizer que ele não gosta. (Acende um cigarro.)

(Pausa.)

MULHER 2 – O que você quer?

MULHER – (*Sexy.*) Calma, meu bem, você está com muita pressa. A gente vai chegar lá. Calma. Faz o seguinte, tira a blusa, tá suja mesmo. Tira.

MULHER 2 – Por quê?

MULHER – Não pergunta. Ti-ra. (Mulher 2 tira a blusa.) Isso. Tá mais calma agora?

MULHER 2 – ...

MULHER – Vou tirar a minha também. (Ambas estão de sutiã.) Agora fuma, igual a mim. Você não pegou um uísque pra você, que sem graça.

MULHER 2 – Não gosto.

MULHER – Não? Como assim? E por quê? Ahhh (Risos.)

MULHER 2 – O que você quer comigo?

MULHER – Fumar, fumar com você. Ih, olha aí, é o último. Sério que acabou o cigarro? Eu fico tão nervosa quando o cigarro acaba, você não tem ideia.

MULHER 2 – Eu... Se você quiser...

MULHER – Não, não! Tá frio lá fora.

MULHER 2 – ...

MULHER – Você não tá com frio?

MULHER 2 – Um pouco.

MULHER – (Mórbida.) Deu no jornal que esta será a noite mais fria do ano.

MULHER 2 – ...

MULHER – Eu amo o frio.

MULHER 2 – ...

MULHER – E você? Frio ou calor?

MULHER 2 – Frio.

MULHER – É bom pra dormir; amo dormir até tarde no

frio. Agora, não me peça pra lavar a louça no frio. Minha mão não dá conta da água gelada. Sinto até mais frio, só de pensar.

MULHER 2 – ...

MULHER – Você não quer falar, não é? O que eu posso fazer pra você falar? Jogo! Vamos jogar? Gosta de jogo?

MULHER 2 – ...

(Campainha toca.)

MULHER – Eba, temos visitas, quem será? (Irritada, com a arma na cabeça da outra.) Olha aqui, sua vagabundinha, você vai lá atender a porta e se disser alguma coisa, eu acabo com você, está me entendendo? Fica calma, abre aquela merda e trata de colocar quem for pra correr, combinado? Põe a blusa.

(Mulher sai de cena. Mulher 2 se veste. Abre a porta, entra Homem correndo, preocupado.)

HOMEM – Desculpa vir assim. É que... (Preocupado com ela.) você está bem? Eu estava tomando banho, é sério, e ela saiu de casa. Ela descobriu que eu não... Eu tô fodido. (Rindo. Descontrolado.) Ela começou a me perguntar sobre... Mordeu minha boca. Quando eu fui tomar banho, ela começou a me perguntar um monte de coisas sobre você, antes de eu entrar no banho. Ela queria ir... no... no... no... no...

MULHER – No carro. Eu queria ir no carro.

HOMEM – ...
MULHER – É ele?

(Homem e Mulher 2 estão assustados.)

MULHER – Espera aí, mas eu conheço ele. Ohhhh!
HOMEM – Amor, vamos pra casa. Você...
MULHER – Você sabe que eu odeio que mintam pra mim, não sabe?
HOMEM – (Tentando virar o jogo.) Vamos matá-la!
MULHER – Hummm, não sei. Agora eu tô na dúvida. Onde é que nós poderíamos jogar o corpo? Ah, num lixão, não! Tem muita gente. Vendo vocês juntos assim, me dá um pouco de pena. Mas só um pouco. Vai passar, eu sei.
HOMEM – Querida.
MULHER – Cala a boca.

(Pausa.)

MULHER – Você sabe que nós estávamos num papo incrível, né? Ela também teve um gato, igual ao que eu doei quando você foi morar lá em casa. Lembra? (Pra ela.) Que cor era o seu?

(Pausa.)

MULHER 2 – Preto.
MULHER – (Animada.) Preto? Eu era louca num gato preto, mas o meu era marrom. Pelo visto nós temos

muito em comum. (Para ele.) Amor, você gosta desse batom? E o perfume? Sente o perfume.

(Homem ficando cada vez mais assustado.)

MULHER – Você deve estar cansado, né, amor? Vai buscar um copo de água pra ele. Ah, não, esqueci. Uísque, o seu favorito. Coincidência, né? Sem gelo, não é assim que você gosta, querido?

(Mulher 2 sai.)

HOMEM – (Sussurrando.) Vamos acabar com ela.
MULHER – (Irritada, aponta a arma.) Eu já disse pra você calar a boca? (Outro tom.) Eu sabia desde o início. Você é fraco!
HOMEM – Abaixa essa arma, vai.
MULHER – Hoje a tua voz (Pega a barra de metal e bate com violência nas costas dele.) está me irritando!

(Mulher 2 dá um grito. Corre pra ajudá-lo.)

MULHER – Deixa ele. Deixa que ele vai ficar bem. Desculpa, amor. Toma o uísque, toma!
MULHER 2 – Deixa a gente em paz, por favor.
MULHER – A gente? (Risos.) A gente você quer dizer, meu marido e você?
MULHER 2 – Por que você está fazendo isso?
MULHER – Por quê? Querida, quem faz perguntas aqui sou eu.

(Pausa.)

MULHER – Agora que estamos todos aqui, poderíamos começar o nosso jogo, com três vai ficar bem mais divertido. (Para ele.) Nós íamos começar um jogo, amor, olha que divertido.
MULHER 2 – Por favor...
MULHER – Todo mundo quer jogar. Você não quer, amor? Amor (Chuta pra ele acordar.), amor, acorda, não é hora de dormir.

(Homem balbucia palavras pouco elucidativas. Está com muita dor.)

MULHER – Ele quer jogar. O jogo é o seguinte, quem mentir paga uma prenda. Certo? Vamos começar. Pergunta número 1: Quantas vezes por semana ele vem aqui?
HOMEM – Para com isso.
MULHER – (Irritada.) A pergunta foi pra ela.
HOMEM – Eu não venho aqui.

(Mulher dá um chute no estômago dele.)

MULHER – Querido, eu disse que não valia mentir. Isso você faz muito mal. Agora é a vez dela.
MULHER 2 – É verdade.

(Pega um alicate que tem dentro da bolsa.)

MULHER – Docinho, você me disse há pouco que ele vinha aqui, lembra? Gente, mentira não. (Para ela.) Mostra a mãozinha, vamos. (Mulher esconde a mão.) Não seja teimosa.

MULHER 2 – (Horrorizada.) Por favor!

MULHER – Mostra a mão. Ou prefere os dedinhos do pé? (Mulher 2 se encolhe. Mulher puxa o braço dela com violência. Mulher 2 tenta de todas as formas impedir. Mulher pega o bastão de ferro e bate com força na outra, que cai.) Querido, que bela ideia você deu de trazermos esse bastão. Agora dá a mãozinha, queridinha. (Ela arranca a unha da outra com o alicate. Mulher 2 grita.)

MULHER 2 – (Histeria e choro.) Todo dia, praticamente todo dia.

MULHER – Hummm, tá!

(O marido começa a chorar. Mulher 2 geme e chora muito.)

MULHER – Amor, não chore, ela vai ficar bem. Vamos continuar. (Pausa. O marido chora.) Dá pra você parar? (Chuta o estômago dele. Pausa. Outro tom.) Quantas vezes por semana vocês transam?

(Pausa.)

HOMEM – (Gemendo.)

MULHER – Ah, gente, assim não vale! É sério!

MULHER 2 – (Chorando.) Todos os dias.

MULHER – Todos os dias? (Risos. Bate com a barra de

ferro nele.) Essa é pra você aprender a não omitir informação quando eu pedir. (Chuta.) Essa é pra você deixar de ser frouxo: quem quer ter amante tem que ser forte. (Bate com o bastão na outra.) E essa é pra você deixar de ser vagabunda. (Bate três vezes.) E essa. E essa. E essa.

(Ambos choram muito.)

MULHER – Mais uma. Já estou cansada disso. Essa vale um mamilo. (Pausa. Suspense.) Vocês se amam?

(Pausa.)

MULHER – TEMPO.

(Pausa.)

MULHER – (Balbuciando um som de suspense, ela pega a barra de metal e bate nos dois com muita violência.) Vamos. Fala. Alguém. Tô esperando! (Chutando os dois.) É tão lindo um casal que se ama, não é verdade?

(Homem rasteja para tentar sair enquanto ela bate na Mulher 2.)

MULHER – Ei, que tipo de marido é você? (Pega a arma e atira na perna dele. Ele grita muito.) Seja companheiro!

(Campainha toca.)

MULHER – (Sussurrando.) Todo mundo caladinho.
(Novamente a campainha toca.)

MULHER – (Sussurrando, pega a arma e põe na cabeça do Homem.) Chora mais baixo, tá me entendendo? Não foi nada.

(Novamente a campainha.)

MULHER – Merda! Acabou o cigarro. (Ela pega o pano de chão e amarra na boca do Homem.) Agora, sim. Silêncio. Amor, você tem cigarro?

(Ele faz que não.)

MULHER – (Revistando o bolso dele.) E isso aqui é o quê? (Chuta o saco dele.) Você não aprende mesmo.

(Ela se senta e acende um cigarro. Fuma olhando os dois.)

(Pausa.)

MULHER – Vocês são muito sem graça, sabiam?

(Pausa.)

MULHER – Não sei como eu te suportei todo esse tempo.

(Pausa.)

MULHER – (Para Mulher 2.) Você não acha ele sem graça?

(Pausa.)

MULHER – Posso ficar com esse batom de lembrança?

(Pausa.)

MULHER – Tá bom, desculpa, não falo mais nada!

(Pausa.)

MULHER – O tempo deste cigarro.

(Pausa.)

MULHER – É o que te resta, gata!

(Pausa.)

MULHER – Sabe o que eu vou fazer daqui a pouco? Eu vou lá. Lá dentro. Vou mexer em tudo. Vou escancarar a porta do teu armário e vou esmiuçar cada canto. Vou tirar todas as gavetas dessa casa pra fora. Eu vou revirar a tua vida do avesso de tal forma... E quando eu não tiver mais nada pra fazer, pra ver, eu vou rasgar a tua carne, botar as tuas vísceras pra fora. Sabe por quê? Porque é assim que tem que ser. É assim. (Ela começa a fumar com mais velocidade. Vai aumentando. Aumentando. Aumentando. Apaga o cigarro.) **Tempo esgotado** (Dá três tiros na outra. O marido se revira no chão.)

(Ela se senta sobre a mesa e acende um cigarro. Um silêncio profundo toma conta deles. Ela canta uma musiquinha romântica.)

MULHER — Essa música é tão piegas.

(Fuma.)

MULHER — Você vai dormir?

(Fuma.)

MULHER — Hein?

(Fuma.)

MULHER — Hoje você vai dormir aí.

(Fuma.)

MULHER — Nesse chão horroroso!

(Fuma.)

MULHER — Vai, sim!

(Fuma.)

MULHER – Vou pegar uísque.

(Fuma.)

MULHER – Mais.

(Fuma.)

MULHER – E não precisa me olhar com essa cara.

(Fuma.)

MULHER – Só tem uma dose!

(Fuma.)

MULHER – Tô com uma preguiça de desossar...

(Fuma.)

MULHER – Você morou com ela aqui?

(Fuma.)

MULHER – Hum...?

(Fuma.)

MULHER – Me conta de vocês.

(Fuma.)

MULHER – Eu gostei daqui.

(Fuma.)

MULHER – De verdade!

(Fuma.)

MULHER – É alugado?

(Fuma.)

MULHER – Deve ser.

(Fuma.)

MULHER – A gente podia botar fogo nela, né?

(Fuma.)

MULHER – E esquecer essa história de bolsa.

(Fuma.)

MULHER – O que você acha?

(Fuma.)

MULHER – (Pensando.) É.

(Fuma.)

MULHER – Tá bom. Tá bom. Saco! Vou colocar ela na bolsa!

(Fuma.)

MULHER – Mas você vai me ajudar!

(Fuma.)

MULHER – Vai ou não vai?

(Fuma.)

MULHER – Eu já sabia!

(Fuma.)

MULHER – E não precisa ficar me olhando que quem vai limpar é você!

(Fuma.)

MULHER – É, meu bem.

(Fuma.)

MULHER – (Olha fixamente pra ele, risinho.) Bo-bi-nho.

(Fuma.)

MULHER – Vou comprar cigarro, você quer alguma coisa?

(Apaga o cigarro. Saindo.)

MULHER – Não? Tudo bem. Quando eu voltar a gente termina.

(Pausa.)

MULHER – (Arqueando.) Tô levando o celular dela, caso você resolva ligar. (Sussurrando sensualmente.) O teu tá na bolsa!

(Sai. Ele rasteja até a bolsa para pegar o celular.)

(Silêncio. Ela volta.)

MULHER – Lembrou de alguma coisa? Ainda dá tempo. (Vai até ele. Abaixa, falando bem perto do ouvido dele.) O celular, é pra quando você sentir saudade, querido. Eu ainda estou aqui... (Dá três tiros nele.) Estava me esquecendo... (Põe o batom no bolso.) Eu amei isso.

(*Blackout.*)

Entrevista com o ator e modelo Philip Morgan

Léo Nogueira

PERSONAGENS

Walter Hugo
Philip Morgan (ou, ainda, Babe)
Mãe (ou simplesmente Princesa)
Pai
Diretor
Felipe Morgado (também conhecido como Philip Morgan)
Um bosta qualquer do RH (RH: Refugos Humanos)
Senhor Distinto (que há de vir a ser o Doutor)
Rubriqueiro

Cena 1

(Um jovem, branco e um pouco musculoso, está sozinho em um quarto decorado ordinariamente. O rapaz, na faixa dos 20 anos, veste uma calça jeans de marca, um tênis de marca e uma *baby look* de marca que lhe marca. Duas cadeiras giratórias estão postadas uma diante da outra. O jovem está sentado em uma delas. Em um dos cantos do cômodo, há uma cama de solteiro. Ele olha para o público.)

WALTER HUGO – Boa noite. O nosso entrevistado de hoje é um ator e modelo de grande sucesso. Aos 25 anos, ele já foi eleito, em três oportunidades, o homem mais bonito do mundo pela revista *People*. Aos 23 tornou-se o primeiro brasileiro a ganhar o Oscar por sua atuação no filme "Eu pinto com o meu pinto". A obra, indicada a 87 estatuetas, trata da história de um jovem e inquieto pintor na Paris do pós-guerra. Por dois anos seguidos ele foi eleito o ser humano mais influente do mundo pela revista *Time*. No ano passado, com apenas 24 anos, ele liderou a lista dos artistas mais ricos feita pela revista *Forbes*. O nosso convidado também é conhecido por ter namorado duas em cada três das mulheres mais bonitas do planeta. Além disso, de acordo com estudo realizado pelo IMPA, o Instituto Nacional de Matemática Pura e Aplicada, ele nunca broxou em toda a sua vida. Provavelmente vocês já sabem de quem estou falando... O convidado do programa de hoje é o genial Philip Morgan.

(Após dizer isso, Walter Hugo olha para a outra cadeira – que está vazia – e sorri. Ouve-se – em *off* –, no mesmo instante, uma salva de palmas. Walter Hugo continua a falar.)

WALTER HUGO – Antes de iniciarmos a entrevista, eu gostaria de agradecer pela gentileza de você ter nos recebido em sua casa.

(Em *off*, ouve-se uma voz. O ruído é bem parecido com produzido pelo personagem até aqui conhecido como Walter Hugo. Vamos chamá-lo – a esse ruído – de Rubriqueiro.)

RUBRIQUEIRO – Após dizer isso, o jovem levanta-se e corre para o outro assento. Ele não deve olhar para o público.
PHILIP MORGAN – Walter, eu é que agradeço a oportunidade.
RUBRIQUEIRO – O jovem retorna para a cadeira na qual estava sentado anteriormente. Repito: ele não deve olhar para o público.
WALTER HUGO – Em primeiro lugar, eu gostaria que você explicasse aos nossos telespectadores como foi o início da sua carreira de imenso sucesso.
RUBRIQUEIRO – O jovem corre, novamente, para a outra cadeira. Insisto: ele continua sem olhar para o público.

(Embora o Rubriqueiro seja muito claro, Philip Morgan, de vez em quando, olha para o público que ele deveria ignorar. Ele parece precisar da aprovação do público ou, digamos, do outro. Contudo, Philip Morgan rapidamente se corrige quando é lembrado do fato pelo Rubriqueiro.)

PHILIP MORGAN – Walter, que bom que você tocou nesse assunto. As pessoas me veem na TV, no cinema e nas revistas e acham que vida de artista é fácil. Vida de artista não é apenas *glamour*. Eu ralei muito pra conquistar tudo o que conquistei.

WALTER HUGO – O sucesso vicia?

RUBRIQUEIRO – Ele corre em carreira para a outra cadeira. Muito importante: ele não deve olhar para o público.

PHILIP MORGAN – Sim, mas não é o meu caso. Afinal, eu tenho uma carreira sólida.

WALTER HUGO – Você começou a sua carreira como modelo e depois se tornou ator... Você sofreu preconceito, entre os atores com os quais trabalhou, por ter iniciado sua carreira no mundo da moda?

PHILIP MORGAN – Sim, sofri muito preconceito. Mas o meu talento prevaleceu. Deus sempre esteve ao meu lado. Além de alguns diretores...

WALTER HUGO – Quais?

PHILIP MORGAN – Gente de muito bom gosto.

RUBRIQUEIRO – Ele corre... O jovem está em plena forma.

WALTER HUGO – Ser muito bonito ajudou na sua carreira?

PHILIP MORGAN – A beleza ajuda. Abre portas.

Mas depois, pra se manter, você precisa ser muito melhor que os outros.

RUBRIQUEIRO – Ele corre... O que será que ele quer provar?

WALTER HUGO – Um ator consagrado como você ainda tem o que provar?

PHILIP MORGAN – É provável.

WALTER HUGO – Qual é o seu ator preferido?

PHILIP MORGAN – Mim.

WALTER HUGO – Quer dizer eu?

PHILIP MORGAN – Não. Mim mesmo.

WALTER HUGO – E o seu diretor preferido?

PHILIP MORGAN – O mecenas.

WALTER HUGO – Desculpe, mas... Mas quem é esse Mecenas?

PHILIP MORGAN – O diretor que me banca e me dá mais cenas.

(Em *off*, ouve-se uma entusiasmada salva de palmas.)

WALTER HUGO – Entendo. Eu li algumas coisas interessantes a seu respeito. Por exemplo, é verdade que você não dorme?

PHILIP MORGAN – Sim, é verdade. Não vejo necessidade disso.

WALTER HUGO – Mas dormir é uma necessidade fisiológica.

PHILIP MORGAN – Necessidade fisiológica é cagar. Dormir é um luxo. Dormir é uma perda de tempo. Acredito que, no futuro, não precisaremos mais dormir.

Eu já não durmo, mas falo das pessoas comuns. Há muitas evidências que apontam nessa direção...

WALTER HUGO – Que tipo de evidência aponta que, no futuro, o ser humano não precisará mais dormir?

PHILIP MORGAN – A TV 24 horas.

WALTER HUGO – *Touché*. Você nasceu no dia de finados, correto?

PHILIP MORGAN – Sim. Uma tremenda ironia... Nascer no dia dos mortos. Me lembro que foi um dia chuvoso e surpreendentemente frio para aquela época do ano.

WALTER HUGO – Você se lembra do dia do seu nascimento?

PHILIP MORGAN – Eu me lembro de tudo.

WALTER HUGO – De tudo?

PHILIP MORGAN – Tudinho.

WALTER HUGO – Lembra-se da primeira vez...

PHILIP MORGAN – Sim. Claro. Foi com uma *top model* sueca.

WALTER HUGO – Que ótimo, mas... mas eu ia perguntar se você se lembrava quando foi a primeira vez que sentiu medo?

RUBRIQUEIRO – Ele corre... Ele não teme correr.

PHILIP MORGAN – Eu nunca senti medo.

WALTER HUGO – Mas isso é possível? Não sentir medo? Não ter medo de nada?

PHILIP MORGAN – Bom, se você for verificar, eu não sou uma pessoa comum. Por que eu teria medo de algo? Por que eu teria medo de alguém? Só os medíocres temem.

WALTER HUGO – Regina Duarte é uma atriz excepcional e tem medo.

PHILIP MORGAN – Em primeiro lugar: excepcional talvez não seja a palavra mais adequada para defini-la. Segundo: as mulheres são medrosas. É da natureza delas.

WALTER HUGO – Medrosas? As mulheres dão à luz, menstruam... E se depilam!

RUBRIQUEIRO – Ele corre... Num pelo, digo, num pulo vai de um lugar ao outro. Ele não deve olhar para o público.

PHILIP MORGAN – Eu também me depilo.

WALTER HUGO – Inclusive o ânus?

PHILIP MORGAN – Sim. Há muitos anos. Podemos mudar de assunto?

RUBRIQUEIRO – Ele corre... A todo vapor, ele corre.

WALTER HUGO – Claro. Com uma memória tão fantástica, você deve se lembrar quando foi a primeira vez que usou algum clichê?

RUBRIQUEIRO – Ele corre... Com estrondoso sucesso, ele corre.

PHILIP MORGAN – Antes de tudo, eu quero deixar algo bem claro. Isso é de importância vital. Mesmo nos momentos mais difíceis, mesmo quando estava no fundo do poço, eu jamais usei um clichê. (Respondeu, visivelmente emocionado.)

(Ele se dirige à plateia ao declamar a última frase. Depois, como em toda ação anterior, ele volta a ignorar o público, ainda que parcialmente.)

RUBRIQUEIRO – Ele come... Digo, ele corre.

WALTER HUGO – Com quantas pessoas você já fez sexo?
PHILIP MORGAN – Como assim "pessoas"?
WALTER HUGO – Ué. Pessoas. Com quantos seres humanos você já fez, digamos, amor?
PHILIP MORGAN – Quando você fala "pessoas" (Ele faz o clássico sinal de aspas ao dizer isso.) parece que eu posso ter transado com outro tipo de "pessoa" (Ele repete o clássico sinal de aspas.) que não sejam as mulheres. Pode ficar parecendo para os meus fãs que eu tenho algo a esconder. Pode ficar parecendo que eu sou veado, bicha, pederasta ou coisa que o valha. Não que eu esteja preocupado com isso. Pelo contrário, estou muito seguro da minha sexualidade. Estou tão seguro da minha sexualidade que poderia te beijar agora e não sentir nenhum prazer com isso.
WALTER HUGO – E por que não me beija? Eu te desafio!
PHILIP MORGAN – Por favor, não seja infantil...
RUBRIQUEIRO – Ele corre... Como na época do acasalamento.
WALTER HUGO – Desculpe. Vou reformular a minha pergunta. Com quantas mulheres você já transou?
PHILIP MORGAN – Essa é uma pergunta um pouco delicada. Eu não gosto de me expor e também não quero expor mulheres que deflorei em algum momento da minha vida. Pode parecer, para alguns, que com isso eu quero me gabar. Eu preferiria não responder a essa pergunta, mas... Mas em respeito aos seus telespectadores e aos meus fãs, me sinto na obrigação de respondê-la. Já transei com 3.217 mulheres.

WALTER HUGO – Que número impressionante! E você lembra de todas as mulheres com quem transou?

RUBRIQUEIRO – Ele corre... Fantasticamente, ele corre.

PHILIP MORGAN – Sim. Como já disse, minha memória é fantástica.

RUBRIQUEIRO – Ele corre... Como se fizesse isso pela primeira vez.

WALTER HUGO – Como e com quem foi a sua primeira vez?

PHILIP MORGAN – Foi com uma *top model* sueca. E foi muito bom. Uma gozação só. Gozei pacas! Picas!

WALTER HUGO – E a última vez?

PHILIP MORGAN – Foi há cerca de duas horas. Com uma *top model* russa.

WALTER HUGO – Você gosta bastante de modelos, não é mesmo?

PHILIP MORGAN – Na verdade, elas gostam de mim. Deus me deu uma missão: copular com o maior número possível de pessoas. Digo, com o maior número possível de mulheres.

WALTER HUGO – E você está indo muito bem, não é?

PHILIP MORGAN – Graças a Deus.

WALTER HUGO – Deus disse: crescei e multiplicai-vos. Acha que Ele aprovaria sexo apenas pelo prazer, sem o objetivo da procriação?

PHILIP MORGAN – Acho que sim.

RUBRIQUEIRO – Ele corre... E lhe ocorre que talvez possa caminhar.

WALTER HUGO – Por quê?

RUBRIQUEIRO – Ele caminha... Repito: agora ele deve caminhar.

(O jovem, que até então corria – ignorando o que dizia o Rubriqueiro –, para de correr e começa a andar.)

PHILIP MORGAN – Porque Ele também é homem.

(*Off*: outra estrondosa claque. Philip Morgan olha rapidamente para o público, durante os aplausos, com um largo sorriso no focinho.)

WALTER HUGO – É verdade que de tanto transar o teu pênis gastou um pouco? Que o teu pênis diminuiu de tamanho?
PHILIP MORGAN – É verdade. De tanto transar meu pau gastou. Gostou também. Mas gastou. Agora meu pau mede somente 34 centímetros.
RUBRIQUEIRO – Ele caminha... Sem nenhum trauma aparente.
WALTER HUGO – Impressionante! E qual foi o maior trauma da sua vida?
RUBRIQUEIRO – Ele caminha... Como um aleijado jamais poderia.
PHILIP MORGAN – Walter, eu não sou o tipo de homem que se traumatiza facilmente, mas...
RUBRIQUEIRO – Ele caminha... E com isso nos aporrinha.
WALTER HUGO – Mas?
PHILIP MORGAN – Mas tem um fato que marcou de-

mais a minha infância. Isso é até um pouco difícil de falar...

walter hugo – Mas diga. Por favor!

philip morgan – Foi quando eu descobri que a Vovó Mafalda era homem.

rubriqueiro – Ele caminha... E peida em algum trecho dessa via.

walter hugo – Entendo... Isso foi um choque pra todos nós. Como foi ser o primeiro brasileiro a ganhar um Oscar?

rubriqueiro – Ele caminha... Sem comentários.

philip morgan – Inédito.

rubriqueiro – Ele caminha... Se fosse sensato, pararia.

walter hugo – Sim. Claro. Mas você se sentiu realizado profissionalmente?

philip morgan – Obviamente. Entenda, alguém que tenha um pau do tamanho do meu é, desde sempre, uma pessoa realizada. Posso falar a palavra pau na TV?

walter hugo – Claro.

rubriqueiro – Ele caminha... Punhetinha.

philip morgan – E paucentrismo? Posso falar paucentrismo na televisão?

walter hugo – Pode falar o que quiser. Só não diga duas palavras: revolução e transitoriedade.

(Nesse momento, alguém bate na porta do quarto. A "entrevista" é interrompida. Ele – Walter Hugo – caminha para a cadeira ocupada, instantes antes, pelo suposto ator e modelo.)

PHILIP MORGAN – Com licença, preciso atender a porta.
WALTER HUGO – Claro. Fique à vontade.

(O jovem segue até a cama e pega, ao seu lado – mas até agora fora do campo de visão dos espectadores –, um velho aparelho de som. Ele, aparentemente, o desliga. Em seguida, o jovem deixa o objeto em cima da cama, caminha até a porta do cômodo e a abre. É possível ver uma mulher na entrada do quarto.)

PHILIP MORGAN – Oi, mãe. O que cê qué?
MÃE – Tá tudo bem?
PHILIP MORGAN – Tá. Por quê?
MÃE – Você tá falando sozinho de novo?
PHILIP MORGAN – Mãe, eu só tô decorando uma fala.

(A Mãe, que ainda está na porta do quarto, começa a chorar. Um choro pouco convincente. Mas bem inconveniente. Sim. Inconveniente.)

MÃE – Você tá ficando louco... Igualzinho ao teu pai!
PHILIP MORGAN – Calma, Princesa... Eu tô só decorando uma fala. Fica calma.
MÃE – Jura?
PHILIP MORGAN – Juro!
MÃE – Você jura, Babe?
PHILIP MORGAN – Juro, Princesa. Agora me dá licença...
MÃE – Peraí! Aquilo é meu.
PHILIP MORGAN – O quê?

MÃE – O aparelho de som é meu. (Diz, apontando para o objeto que está em cima da cama do jovem.)
PHILIP MORGAN – É, sim. Eu peguei emprestado...
MÃE – Mas você não me pediu...

(A Mãe entra no quarto, sem pedir licença, e pega o aparelho nos braços.)

PHILIP MORGAN – O que cê tá fazendo?
MÃE – Ué. Tô pegando de volta.
PHILIP MORGAN – Mãe... Mas eu tô usando.
MÃE – Mas ele é meu.
PHILIP MORGAN – Eu sei. Olha... Mãe, eu já te devolvo. Daqui a pouquinho te devolvo, ok?
MÃE – Mas o aparelho é meu.
PHILIP MORGAN – Eu sei disso! Daqui a pouco eu te devolvo. Eu prometo. Agora me dá licença.

(A Mãe, mesmo contrariada, vai embora do quarto. O jovem fecha a porta, caminha até o aparelho de som, que a Mãe depositou novamente em cima da cama, e aparentemente o liga. Depois se dirige até uma das cadeiras, senta-se e continua o diálogo consigo.)

PHILIP MORGAN – Desculpe.
RUBRIQUEIRO – Ele caminha... Como numa novelinha.
WALTER HUGO – Mas que drama...
PHILIP MORGAN – O quê?
WALTER HUGO – Nada, não. Você mora com a sua mãe?

philip morgan – Não. É... Sim. Tô morando com ela apenas um tempo. Próxima pergunta...
rubriqueiro – Ele caminha... Na casa dos pais, ele caminha.
walter hugo – Você ainda mora com os seus pais?
philip morgan – Eles insistem que eu more com eles... Sabe como são os pais. Que tal se mudarmos de assunto?
rubriqueiro – Ele caminha... Para o fim dessa historinha.
walter hugo – Já vamos mudar. O que os seus pais fazem da vida?
philip morgan – Minha mãe é dona de casa. Meu pai foi um grande mestre...
walter hugo – É mesmo? Ele era professor?
rubriqueiro – Agora ele se arrasta... Já não basta?
philip morgan – Um grande mestre...
walter hugo – E o que ele ensinava?
philip morgan – Aspectos relacionados à construção civil...

(Ouve-se outra batida na porta. O jovem levanta-se, anda até o aparelho de som e o desliga – ou, ao menos, parece desligá-lo. Depois, segue para a porta. Ele a abre. A mulher, identificada, pouco antes, como sua mãe, se manifesta novamente.)

mãe – Na verdade, o pai dele era um mestre de obras. Mas a bebida acabou com ele... (Diz a senhora, com alguma vergonha, para lugar algum.)

PHILIP MORGAN – Princesa, por favor, me dá licença. Tô ocupado!
MÃE – Desculpe. Só quis ajudar. Mas pode anotar aí: um bêbado. (Ela gesticula, de forma impertinente, para o mesmo interlocutor imaginário da sua última intervenção.) Você ainda tá usando o aparelho de som?
PHILIP MORGAN – Tô.
MÃE – Vai demorar?
PHILIP MORGAN – Mãe, eu já disse: daqui a pouco te devolvo.

(O jovem, irritado, fecha a porta, caminha até o aparelho de som e o liga. Depois anda até uma das cadeiras e senta-se.)

PHILIP MORGAN – Me desculpe.
WALTER HUGO – Então seu pai foi mestre de obras? Um pedreiro?
PHILIP MORGAN – Um puta pedreiro!
WALTER HUGO – E agora?
PHILIP MORGAN – Agora o quê?
WALTER HUGO – O que seu pai faz da vida? Tá aposentado? Ou ainda trabalha?
RUBRIQUEIRO – Ele se arrasta... Sofre e agoniza. Para a alegria dos sadomasoquistas.
PHILIP MORGAN – Agora ele tá aposentado.

(Outra batida na porta interrompe novamente a porra da "entrevista". O jovem levanta-se, caminha até o aparelho de som e o desliga. Depois, caminha até a porta do quarto e a abre.)

MÃE – Na verdade, ele tá desempregado.
PHILIP MORGAN – Princesa, assim num dá! Por favor!
MÃE – Desculpe... Mas é verdade! Anota aí: um bêbado.

(O jovem fecha a porta. Liga o aparelho de som e caminha em direção a uma das poltronas, agora, no entanto, sem o mesmo ânimo de outrora.)

PHILIP MORGAN – Me desculpe. Você sabe como são as mães...
RUBRIQUEIRO – Ele se arrasta... Madrasta.
WALTER HUGO – Eu não conheci minha mãe.
PHILIP MORGAN – Não perdeu nada.
WALTER HUGO – Você teme a morte?
PHILIP MORGAN – Já disse. Não temo nada.
WALTER HUGO – Mas se, por exemplo, eu estivesse à beira da morte e te pedisse um beijo. Você me daria?
PHILIP MORGAN – Acho que não.
WALTER HUGO – Acha?
PHILIP MORGAN – Podemos falar sobre isso após a entrevista?
RUBRIQUEIRO – Ele se arrasta... Há ânus se arrasta.
WALTER HUGO – Ok. Vamos falar de cocô... Defeca com regularidade?
PHILIP MORGAN – Indefectivelmente.

(*Off*: mais uma claque. Philip Morgan sorri com os aplausos. Ele, ao que parece, precisa da aprovação alheia para ser feliz.)

WALTER HUGO – Me conte um pouco da sua vida profissional. Quais os seus planos para o futuro?
PHILIP MORGAN – Agora, infelizmente, eu não posso falar muito a respeito... Estou analisando algumas propostas. E preciso de um tempo para refletir, para pensar um pouco no que irei fazer. Mas em breve te contarei as novidades.
WALTER HUGO – Me fale um pouco sobre essas propostas.
PHILIP MORGAN – Bom, são propostas bem interessantes...
WALTER HUGO – Pode ser mais específico?
PHILIP MORGAN – Não sei...
RUBRIQUEIRO – Ele se arrasta... O fim está próximo.
WALTER HUGO – Por que não?
PHILIP MORGAN – Porque são propostas confidenciais.
WALTER HUGO – Tipo... Do inconsciente?
RUBRIQUEIRO – Ele se arrasta... Ufa! Enfim... O fim.
PHILIP MORGAN – Isso. Bem do fundo das entranhas...

(O jovem, finalmente, fica sentado em uma das cadeiras. Após alguns segundos, ele levanta-se, caminha até o aparelho do som e, aparentemente, o desliga. Em seguida, ouvem-se discretas batidas na porta. O jovem, sem nenhuma pressa, caminha até ela e a abre. Um homem, com cerca de sessenta anos, se dirige ao mancebo coberto de sebo.)

PAI – Oi.
PHILIP MORGAN – Oi.
PAI – Posso entrar?
PHILIP MORGAN – A casa é tua...

(O velho entra. O tempo foi consideravelmente cruel com ele.)

PHILIP MORGAN – O que cê qué?
PAI – Filhão, eu vou ser bem sincero. Preciso de um empréstimo pra um projeto muito importante.
PHILIP MORGAN – E pra que você qué dinheiro?
PAI – Isso é confidencial.
PHILIP MORGAN – Sei. Pai, olha... Primeiro: eu não tenho um puto! Segundo: a mãe pediu pra eu não te dar dinheiro.
PAI – E cê faz tudo o que ela manda?
PHILIP MORGAN – A questão não é essa...
PAI – De fato. De feto... Hahaha! (O Pai sempre dá uma gargalhada constrangedora depois de fazer uma piada. Ou, ao menos, depois de dizer algo que considere engraçado.) Vai, filhão! Me dá uma grana!
PHILIP MORGAN – Você não queria um empréstimo?
PAI – Então me empresta uma grana!
PHILIP MORGAN – Sinto muito. Não tenho nada.
PAI – Ok. Fazer o quê, né? Bom... Alguém te ligou hoje de manhã.
PHILIP MORGAN – Quem?
PAI – Era sobre uma entrevista... Pra um teste de cinema ou TV. Sei lá!

philip morgan – Sério?
pai – Sério.
philip morgan – Jura?
pai – Juros. Hahaha!
philip morgan – E você anotou o recado? Anotou o número?
pai – Anotei.
philip morgan – E onde tá?
pai – Eu posso dizer onde não tá... Ele não tá na minha carteira. Minha carteira tá vazia. Entende? Vazia.
philip morgan – Bosta! De quanto cê precisa?

Cena 2

(Um senhor distinto. Uma sala distinta. Ele veste branco. Ela está coberta da mesma cor. Ele está sentado atrás de uma mesa. Diante dele: Philip Morgan. O jovem usa uma roupa parecida com a da cena 1. Mas é outra roupa – a camiseta *baby look*, por exemplo, é de outra cor).

SENHOR DISTINTO – Você está a par do procedimento?
PHILIP MORGAN – Tô.
SENHOR DISTINTO – O procedimento é bem invasivo.
Muito agressivo... Você está ciente disso, né?
PHILIP MORGAN – Tô, sim.

Cena 3

(Um homem de trinta e poucos anos está sentado atrás de uma pequena mesa localizada dentro de uma pequeníssima sala. Ele é do departamento de Refugos Humanos (RH) da empresa na qual o personagem conhecido como Philip Morgan labuta. No passado, esse departamento era conhecido como Recursos Humanos (RH). Philip Morgan abre a porta. Ele veste *jeans*, camisa azul-claro e tem um crachá pendurado em volta do pescoço. Seu cabelo, sempre curto, está mais alinhado do que nas outras cenas.)

PHILIP MORGAN – Com licença. O senhor me chamou?
UM BOSTA QUALQUER DO RH – Sim. Por favor, entre.

(O jovem entra na sala e senta-se diante do homem.)

UM BOSTA QUALQUER DO RH – Fernando, como você tá?
PHILIP MORGAN – É Felipe.
UM BOSTA QUALQUER DO RH – Como?
PHILIP MORGAN – Meu nome é Felipe.
UM BOSTA QUALQUER DO RH – Isso. Felipe. (Diz ao olhar a ficha do refugo, digo, do recurso em questão.) Bom, e como você está?

PHILIP MORGAN – Tô bem. Brigado.
UM BOSTA QUALQUER DO RH – Ótimo. Ótimo. Fernan... É... Felipe, essa é uma entrevista de desligamento.
PHILIP MORGAN – Como? Eu vou estar sendo demitido?
UM BOSTA QUALQUER DO RH – Não. Você será desligado da empresa. É bem diferente.
PHILIP MORGAN – E qual a diferença? É a mesma coisa.
UM BOSTA QUALQUER DO RH – Discordo. Há uma grande diferença semântica.

(*Off*: outra claque. Somente Philip Morgan – que agora também conhecemos como Felipe – parece escutá-la. Ele olha ao seu redor um pouco surpreso. O outro ocupante da sala ignora os aplausos.)

PHILIP MORGAN – E... E por que eu vou estar sendo demitido?
UM BOSTA QUALQUER DO RH – Primeiro pelo gerundismo. Isso está fora de moda e a nossa empresa quer se adaptar às novas demandas de mercado. Entenda: no passado, o gerundismo foi algo fundamental para a credibilidade do nosso trabalho, mas agora... Agora isso é tão velho quanto a Bossa Nova. Precisamos de gente jovem. Gente com disposição. Gente antenada com as novas tendências. Gente que entenda o que o consumidor de hoje procura. Gente, em resumo, que aceite ganhar menos que você. Segundo motivo: pelas suas faltas constantes.

philip morgan – Pô, mas... Mas eu já ganho supermal... Eu ganho mal. Quanto às faltas... Eu só faltei uma vez. E eu avisei que iria faltar. Eu disse que tinha um compromisso.

um bosta qualquer do rh – Mas é assim que as coisas começam, não é mesmo? Eu já vi isso acontecer antes... Vi coisas nas quais vocês nunca acreditariam. (Ao dizer a última frase, ele deve estar olhando para público. Digo: ele deve olhar para o público.)

philip morgan – Mas eu disse que eu ia faltar. Eu tinha uma entrevista muito importante. Eu falei isso. Eu falei. Sabe... Eu tenho um sonho. Eu quero ser ator e trabalhar na TV. Principalmente trabalhar na TV. E essa era uma oportunidade que eu não podia perder... Era uma grande chance.

um bosta qualquer do rh – Sim. Agora você vai poder se dedicar integralmente ao seu sonho.

philip morgan – Quanto ao gerundismo, eu posso estar mudando... Quer dizer... Eu posso mudar.

um bosta qualquer do rh – Felipe, você já está bem condicionado. Nosso treinamento é muito eficaz.

rubriqueiro – Sem dar qualquer atenção aos apelos do jovem, o funcionário do departamento de Refugos Humanos pega um conjunto de folhas, que estava depositado sobre a mesa, e começa a lê-las.

(Philip Morgan, novamente surpreso, parece escutar a última intervenção do Rubriqueiro. O funcionário do departamento de Refugos Humanos não parece, como na ocasião anterior, escutar qualquer coisa.)

UM BOSTA QUALQUER DO RH – Felipe, você trabalharia novamente na empresa? E por quê?

(Philip Morgan – ou Felipe – está desatento. Ele ainda está surpreso com a inesperada intervenção do Rubriqueiro.)

UM BOSTA QUALQUER DO RH – Felipe? Felipe, estou falando com você.
PHILIP MORGAN – Ah... Sim. Me desculpe. Pode falar.
UM BOSTA QUALQUER DO RH – Felipe, você trabalharia novamente nesta empresa? E por quê?
PHILIP MORGAN – Como? Sei lá. Pô, você tá me demitindo e ainda me pergunta isso?
UM BOSTA QUALQUER DO RH – O que você deixaria como contribuição para o processo de melhoria da empresa?
PHILIP MORGAN – Não sei... Sei lá. O que é isso que você tá lendo?
UM BOSTA QUALQUER DO RH – É um questionário padrão para entrevistas de desligamento. Ele foi criado pelos cientistas da Nasa. Agora, por favor, faça uma avaliação da empresa em relação aos seguintes aspectos...
PHILIP MORGAN – Vai tomar no teu cu!
UM BOSTA QUALQUER DO RH – Isso é regular ou ruim?
PHILIP MORGAN – Vai se foder!
UM BOSTA QUALQUER DO RH – Certo. Ok. (Diz, assinalando, com uma caneta esferográfica, o questionário criado pelos cientistas da Nasa.) Bom, acho que é isso. Muito obrigado pela ajuda.

Pode se retirar. Ah, por favor, eu vou precisar do seu crachá.

(Philip Morgan, desanimado, entrega o crachá ao funcionário.)

PHILIP MORGAN – Eu vou estar dando a volta por cima. Eu vou estar vencendo na vida. Você vai estar vendo!

(Após gritar com o funcionário que acaba de demiti-lo – ou desligá-lo –, o jovem sai rapidamente da sala.)

Cena 4

(Um senhor distinto. Uma sala distinta. Ele veste branco. Ela está coberta da mesma cor. Ele está sentado atrás de uma mesa. Diante dele: Philip Morgan. O jovem usa uma roupa parecida com a da cena 1. Mas a roupa é diferente – a camiseta *baby look*, por exemplo, é de outra cor. Nota: a roupa é a mesma usada na cena 2.)

SENHOR DISTINTO – O procedimento é irreversível. Você sabe disso, né?
PHILIP MORGAN – Sei, sim.
SENHOR DISTINTO – E, além disso, ele envolve algum risco.
PHILIP MORGAN – Sim. Eu sei.

Cena 5

(Um homem de quarenta e poucos anos está sentado atrás de uma grande mesa postada dentro de uma grandíssima sala. Ele toma um café. E só isso. Alguém bate na porta do lugar. O homem pede para que o batedor entre. O batedor entra. É Philip Morgan. Agora ele traja uma roupa muito parecida com a da primeira cena. Mas não é a mesma roupa.)

DIRETOR – Senta.

(Philip Morgan senta-se em uma cadeira diante da mesa do Diretor. O Diretor continua a beber o seu café, mas agora olha, com evidente desdém, um papelório de folhas brancas. E começa o falatório.)

DIRETOR – Você deve ser o Felipe.
PHILIP MORGAN – Isso mesmo. Felipe Morgado.
DIRETOR – Seu "currículo" diz que você já trabalhou na TV...
FELIPE MORGADO – Sim.
DIRETOR – Me fala um pouco da tua experiência.
FELIPE MORGADO – Na TV?
DIRETOR – Não. Na porra da Guerra do Iraque. É. Na TV. Naquele objeto que transmite imagens.

FELIPE MORGADO – Foi breve, mas muito marcante.
DIRETOR – Você era figurante?
FELIPE MORGADO – Sim.
DIRETOR – E cinema? Já fez cinema?
FELIPE MORGADO – Já.
DIRETOR – E como foi?
FELIPE MORGADO – Excitante. Um longo, digo, um longa-metragem...
DIRETOR – Pornografia?
FELIPE MORGADO – Isso. Da grossa!
DIRETOR – E teatro? Tem alguma experiência no teatro?
FELIPE MORGADO – Eu não sou desse tipo de ator...
DIRETOR – Sei. O que você costuma ler?
FELIPE MORGADO – Na verdade... eu ainda não me acostumei muito com isso, não.
DIRETOR – Entendo. Um academicista...
FELIPE MORGADO – Sim. Vou à academia quase todo dia.

(Em *off*, uma discreta claque surpreende o jovem que, novamente surpreso, olha ao seu redor.)

DIRETOR – Que bom. Me diga. Você escreveu isso?
(Pergunta mostrando um calhamaço de folhas.)

FELIPE MORGADO – Sim. (Responde empolgado.)
DIRETOR – E o que diabos é isso? Uma peça?
FELIPE MORGADO – Não. É algo pra TV.
DIRETOR – Pra TV?
FELIPE MORGADO – Isso. Talvez uma série...
DIRETOR – Uma série?

FELIPE MORGADO – Sim. Uma série sobre um ator e modelo de grande sucesso.

DIRETOR – Esse tal de Philip Morgan?

FELIPE MORGADO – Isso.

DIRETOR – Que por acaso é o seu nome artístico?

FELIPE MORGADO – Isso.

DIRETOR – E no que consiste essa série?

FELIPE MORGADO – Ah... A série trata do cotidiano do ator e modelo Philip Morgan.

DIRETOR – Sei. Fala mais.

FELIPE MORGADO – O primeiro episódio seria pra apresentá-lo ao público, daí a minha ideia de uma entrevista...

DIRETOR – Sei. Você vê muita TV?

FELIPE MORGADO – Sim, bastante.

DIRETOR – E o que costuma ver na TV?

FELIPE MORGADO – Eu gosto muito de programas de leilão...

DIRETOR – Programas de leilão?

FELIPE MORGADO – Isso.

DIRETOR – E que porra é essa?

FELIPE MORGADO – Esses programas são ótimos. Eles passam de madrugada. Eles fazem leilão de tudo. De gado, de joias... Também vendem uns tapetes. É muito bom. A Nasa tá sempre envolvida.

DIRETOR – Você não dorme, não?

FELIPE MORGADO – Eu durmo bem pouco.

DIRETOR – Sei. E vê mais alguma coisa na TV?

FELIPE MORGADO – Não. Não que eu me lembre.

Ah... Sim. É. Eu também adoro os seus programas. Você é um diretor fantástico.

DIRETOR – Obrigado. Eu vi no seu "currículo" que você chegou a trabalhar como modelo.

FELIPE MORGADO – É, sim.

DIRETOR – E como foi? Me fala mais dessa experiência "empolgante".

FELIPE MORGADO – Na verdade... Na verdade eu fiz poucos trabalhos como modelo.

DIRETOR – E por quê? Você parece tão... apto.

FELIPE MORGADO – Pois é. Eu também sempre achei isso...

DIRETOR – Voltando ao seu texto. O personagem principal dessa série é esse tal de Philip Morgan?

FELIPE MORGADO – Isso.

DIRETOR – E esse tal de Philip Morgan já transou com...

(O Diretor olha novamente a papelada – para se certificar do número exato de fodas.)

DIRETOR – E ele já transou com 3.217 pessoas? É isso?

FELIPE MORGADO – É. Isso. 3.217 mulheres. Isso mesmo.

DIRETOR – E esse tal Philip Morgan tem um pinto enorme?

FELIPE MORGADO – Sim. Isso.

DIRETOR – Você dá muita importância pro tamanho do pinto, não é?

FELIPE MORGADO – Todo mundo dá.

DIRETOR – Isso é verdade. A supremacia do falo.

FELIPE MORGADO – O que você falou?

diretor – Nada. Você acha que um pintão é a solução pra todos os males?

felipe morgado – É um começo. Mal não deve fazer...

diretor – Não sei. Você sabe?

felipe morgado – Na verdade, não.

rubriqueiro – Philip Morgan ou Felipe Morgado diz isso um pouco envergonhado.

felipe morgado – Você ouviu isso?

diretor – Como?

felipe morgado – Nada não. Desculpe.

diretor – Você me parece preocupado demais com o tamanho do pinto pra alguém que já trabalhou com pornografia.

felipe morgado – Talvez seja por isso mesmo.

diretor – Não entendo.

felipe morgado – Bom, eu não trabalhei como ator nesses filmes...

diretor – Ninguém trabalha como ator nesse tipo de filme.

felipe morgado – Sim. Mas não é isso. Eu nunca, digamos, atuei. Eu participava somente da produção...

diretor – Sei. E o que você fazia?

felipe morgado – Eu fazia um pouco de tudo, mas cuidava, principalmente, do figurino.

diretor – Não tinha como errar, né?

felipe morgado – É. Não tinha. Tê tinha...

rubriqueiro – Ele tenta fazer graça, mas o Diretor não lhe dá a menor atenção.

felipe morgado – Você ouviu isso?

diretor – O quê?

FELIPE MORGADO – Você não ouviu alguém falando?
DIRETOR – Não. Não ouvi nada.
FELIPE MORGADO – Não é possível. Tem mais alguém aqui.
RUBRIQUEIRO – O jovem se levanta e começa a procurar pela origem da voz que agora tanto lhe incomoda.
FELIPE MORGADO – Tá vendo? Escutou? Tem mais alguém aqui!
DIRETOR – Quer se acalmar, porra? Senta.
RUBRIQUEIRO – Após o pedido do Diretor, ele se acalma e volta a se sentar.
FELIPE MORGADO – Eu não vou me sentar!
DIRETOR – Você que sabe... Se quiser, fica de pé.
FELIPE MORGADO – Acho melhor me sentar.
DIRETOR – Posso continuar?
FELIPE MORGADO – Sim. Por favor.
DIRETOR – Eu também li no seu "currículo" que você mora no bairro do Limão e que gosta muito de sertanejo universitário. É isso mesmo?
FELIPE MORGADO – É, sim. É isso.
DIRETOR – Gosta muito de sertanejo universitário?
FELIPE MORGADO – Sim.
DIRETOR – Mesmo não tendo curso superior?
FELIPE MORGADO – Mesmo não tendo curso superior.
DIRETOR – Ok. Acho que é isso. Isso é o suficiente. Obrigado.
FELIPE MORGADO – E quando vai estar sendo o teste?
DIRETOR – Que porra de gerúndio é esse?
FELIPE MORGADO – Desculpa. Isso, às vezes, acontece...

diretor – Sei. Bom, por enquanto é só isso mesmo. Muito obrigado.

felipe morgado – Mas eu tô disponível... Eu posso fazer o teste quando você quiser.

diretor – Acho que isso não será necessário. Quem sabe numa próxima, né?

felipe morgado – Mas eu... Eu vou...

diretor – Você vai sair da sala.

rubriqueiro – Derrotado, Felipe Morgado levanta-se e caminha em direção à porta.

felipe morgado – Você ouviu isso?

diretor – Eu já ouvi demais. Cai fora!

rubriqueiro – Desanimado, o jovem segue em direção à porta. Ele não deve olhar para o público.

felipe morgado – Eu olho pra onde eu quiser!

diretor – Olho da rua!

Cena 6

(Um senhor distinto. Uma sala distinta. Ele veste branco. Ela está coberta da mesma cor. Ele está sentado atrás de uma mesa. Diante dele: Philip Morgan. O jovem usa uma roupa parecida com a da cena 1. Mas a roupa é diferente – a camiseta *baby look*, por exemplo, é de outra cor. Nota a ser notada: a roupa é a mesma usada nas cenas 2 e 4.)

SENHOR DISTINTO – Me diga. Por que você quer fazer isso?
FELIPE MORGADO – Sei lá. Talvez isso ajude na minha carreira... Não sei.
SENHOR DISTINTO – Não sabe? Olha, isso vai mudar a sua vida.
FELIPE MORGADO – Essa é a ideia, doutor.

Cena 7

(Sala. Salinha. O jovem conhecido como Felipe Morgado – ou Philip Morgan – entra, acanhado, no acanhado cômodo. Sua Mãe vê televisão sentada em um sofá ainda não quitado. Seu Pai dorme ao lado dela no mesmo objeto. O jovem traja a mesma roupa da terceira cena – na qual ele veste *jeans* e camisa azul-claro, mas agora já não tem o crachá outrora pendurado em volta do pescoço. Ele senta-se no meio dos dois. Após alguns segundos ele se levanta.)

FELIPE MORGADO – Pai, mãe... Eu tenho uma notícia. Acabo de estar me demitindo.

PAI – Você foi demitido? (Pergunta, abruptamente, um ainda sonolento sexagenário.)

FELIPE MORGADO – Não. Eu não fui demitido. Eu me demiti.

MÃE – E por que, Babe?

FELIPE MORGADO – Porque eu... porque... porque eu preciso de novos desafios.

PAI – Desafilho? Hahaha!

FELIPE MORGADO – Muito engraçado. Como tava dizendo, eu preciso de novos desafios. Eu tava estagnado naquela empresa. Não tinha futuro naquele lugar.

MÃE – Mas o que você vai fazer agora, Babe?

FELIPE MORGADO – Eu tô analisando algumas propostas.
MÃE – Propostas?
FELIPE MORGADO – Sim. Propostas bem interessantes...
MÃE – Que propostas?
FELIPE MORGADO – Mãe, eu ainda não posso falar. São propostas... são propostas confidenciais.
PAI – É. Eu sei como é...
MÃE – Filho, senta aqui. Amanhã você pensa nisso.

(O jovem senta-se, novamente, no meio dos velhos. O genitor do pretenso ator e modelo, que não chegou a despertar totalmente, volta a dormir. A Mãe pega em uma das mãos do filho e continua hipnotizada pela telinha. Eles ficam alguns segundos diante da televisão.)

RUBRIQUEIRO – Após alguns segundos, Felipe, o jovem que tanto nos irritou até aqui, deve demonstrar mais atenção ao que é transmitido pela telinha.
FELIPE MORGADO – Mãe, você ouviu isso?
MÃE – Sim. Somente mil prestações de 99 reais.
FELIPE MORGADO – Não. Não é isso. Você ouviu uma voz?
MÃE – Uma voz?
FELIPE MORGADO – Sim. Uma voz fora da TV?
MÃE – Não. Não ouvi nada.
RUBRIQUEIRO – Agora, como eu estava dizendo antes de ser interrompido, Felipe deve demonstrar mais atenção ao que é transmitido pela televisão. Animado, ele pula do sofá e grita "Allah Akbar", que significa "Deus é Grande", em árabe.

(Felipe Morgado, mesmo surpreso com a intervenção do Rubriqueiro, começa, de fato, a prestar mais atenção ao que aparece na TV. E, após alguns segundos, pula do sofá – como havia ordenado o Rubriqueiro).

FELIPE MORGADO – Allah... Allah...

(Felipe Morgado olha para o alto, como se procurasse uma ajuda divina.)

RUBRIQUEIRO – Allah Akbar!
FELIPE MORGADO – Allah Akbar!
RUBRIQUEIRO – Ele não deve olhar para a câmera. Digo: ele não deve olhar para o público. Repito: ele não deve olhar para o público.

(Como em diversos momentos anteriores, Philip ou Felipe deve ignorar o que diz o Rubriqueiro e olhar para o público – se é que há algum público).

Cena 8

(Um senhor distinto. Uma sala distinta. Ele veste branco. Ela está coberta da mesma cor. Ele está sentado atrás de uma mesa. Diante dele: Felipe Morgado ou Philip Morgan. O jovem usa uma roupa parecida com a da cena 1. Mas a roupa é diferente – a camiseta *baby look*, por exemplo, é de outra cor. Nota a ser notada e anotada: a roupa é a mesma usada nas cenas 2, 4 e 6.)

FELIPE MORGADO – E pra quando podemos agendar a cirurgia?
DOUTOR – Bom, eu é que devia te fazer essa pergunta.
FELIPE MORGADO – Então faça.
SENHOR DISTINTO – Olha, eu vivo disso. Eu faço propaganda disso na TV. Mas eu preciso te alertar sobre os riscos dessa cirurgia.
FELIPE MORGADO – É claro. Tô por dentro.
SENHOR DISTINTO – É importante que eu diga. Você, talvez, perca parte da sensibilidade do seu...
FELIPE MORGADO – Do meu pau.
SENHOR DISTINTO – É. Do seu pênis.
FELIPE MORGADO – Tudo bem. Que se foda! Contanto que o meu pau fique maior.
SENHOR DISTINTO – Vai ficar. A nossa prótese peniana é muito boa, ela tem tecnologia...

FELIPE MORGADO – Da Nasa. Eu vi a propaganda na TV.

SENHOR DISTINTO – Isso. Usamos tecnologia da Nasa. A prótese é muito boa. Bem resistente. Mas o procedimento é bem complexo. Às vezes, o membro fica bem menos sensível do que antes. O prazer pode diminuir bastante.

FELIPE MORGADO – Não tem problema. O importante é o tamanho.

SENHOR DISTINTO – Quanto a isso pode ficar tranquilo. Ele vai ficar maior. E ereto. Quase que o tempo todo ereto.

FELIPE MORGADO – Ótimo. Ereção eterna. Tamanho descomunal. Vai estar sendo um bom começo.

Cena 9

(Philip Morgan – ou Felipe Morgado – está deitado na cama do seu quarto – recinto já apresentado na cena 1. Ele usa uma bermuda puída e uma camiseta surrada. Há um grande volume, por dentro da sua bermuda, no lugar onde deveria se localizar o seu pênis. Alguém bate, discretamente, na porta do lugar. O jovem levanta-se e a abre.)

PAI – Fala, filhão!
FELIPE MORGADO – Fala, pai.
PAI – Filhão, eu queria te pedir uma coisa... É... Eu posso entrar?
FELIPE MORGADO – Entra.

(O Pai entra. E o jovem fecha a porta do quarto.)

FELIPE MORGADO – Fala, pai. O que cê qué?
PAI – Filhão, eu vou precisar de mais dinheiro.
FELIPE MORGADO – E o que eu tenho que ver com isso?
PAI – Ué. Você podia ser o meu... O meu sócio! Eu entro com a ideia e você com o dinheiro.
FELIPE MORGADO – Pai, mas eu não tenho dinheiro. E você não tem ideia nenhuma. Ou tem?
PAI – Tenho, sim. Eu tive uma grande ideia. Mas preciso de um pequeno capital pra registrá-la... Porque

senão, você sabe, vão roubar a minha ideia. Não dá pra confiar em ninguém.

FELIPE MORGADO – Sei. Bom, se eu vou virar o teu sócio, antes preciso saber qual é a tua "grande" ideia.

PAI – Mas é confidencial.

FELIPE MORGADO – Então não tem negócio.

PAI – Ok. Tá bom. Mas isso não deve sair daqui. Ok?

FELIPE MORGADO – Ok.

PAI – Promete?

FELIPE MORGADO – Prometo.

PAI – A minha ideia é a seguinte... É para um programa de TV. A gente reúne um número xis de pessoas em uma casa. Uma casa vigiada por câmeras 24 horas por dia. Essas pessoas não têm contato com o mundo exterior. Elas ficam confinadas nessa casa por vários meses. E a cada semana uma pessoa é eliminada da competição. Quem ficar por último na casa leva o grande prêmio.

FELIPE MORGADO – É isso? Só isso?

PAI – É isso. E aí? Gostou? Bom... É mais ou menos isso.

FELIPE MORGADO – Pai, mas que ideia estúpida. Que idiotice! E quem iria ver um programa desses?

PAI – Eu veria.

FELIPE MORGADO – Você vê qualquer merda. Olha, esquece essa ideia. É uma merda. Sério! Uma bosta! Agora me dá licença.

(O Pai, acabrunhado, vai embora. O jovem fecha a porta do quarto e, em seguida, pega o celular.)

FELIPE MORGADO – Alô? Wolf, aqui é o Felipe. O Felipe Morgado. Quando você pegar esse recado, me liga. Eu tive uma grande ideia. Uma ideia pra um programa de TV. E eu acho que você vai gostar muito. É sério! Mas eu ainda não posso te contar. Me liga. Bom, você tem o meu número. Tchau. Um beijo na virilha.

(Após Felipe Morgado desligar o celular, alguém bate – agora com bem "menas" discrição – na porta do lugar. O jovem a abre.)

FELIPE MORGADO – Oi, mãe.
MÃE – Oi. E o meu gravador?
FELIPE MORGADO – Como?
MÃE – E o meu gravador? Esqueceu?
FELIPE MORGADO – Não. Não esqueci. Vou pegar.

(Ele pega o aparelho, que estava ao lado da sua cama, retira uma fita de dentro dele e o devolve a sua dona.)

FELIPE MORGADO – Toma.

(A Mãe, que é chata pra caralho, começa a fuçar no aparelho.)

MÃE – Mas tá quebrado.
FELIPE MORGADO – O quê?
MÃE – O aparelho tá quebrado.
FELIPE MORGADO – Deixa eu ver...

(O jovem mexe no aparelho em questão.)

FELIPE MORGADO – Ele não tá quebrado. Ele só tá sem pilha.
MÃE – É a mesma coisa.
FELIPE MORGADO – Não. Não é a "mesma coisa".
MÃE – Ué. Mas então... Então como é que você usou ele?
RUBRIQUEIRO – A pergunta da Mãe fazia sentido. Como ele tinha usado um aparelho sem pilhas e que não estava ligado na tomada?
FELIPE MORGADO – Mãe, você ouviu isso?
MÃE – Ouviu o quê?
RUBRIQUEIRO – O jovem se dá conta de que, talvez, a voz que o acompanha seja coisa da sua cabeça.
MÃE – Babe, ouviu o quê?
FELIPE MORGADO – Nada não, Princesa.
MÃE – Vixe! Você é igualzinho ao teu pai... Valei-me!

(A Mãe sai do quarto – levando consigo a porra do aparelho de som).

RUBRIQUEIRO – O jovem, um pouco assustado com a descoberta, senta-se em uma das cadeiras do seu quarto.

(Reticente, Felipe acaba por fazer o que o Rubriqueiro manda e, por fim, senta-se.)

RUBRIQUEIRO – Ao sentar-se, ele se lembra de que seu pai também ouve vozes. Ao menos o velho tinha lhe dito isso há alguns anos. Havia uma voz, masculina, que o mandava beber. Outra, feminina, que o provocava com alusões a uma suposta impotência sexual. Seu pai dizia ainda haver uma terceira voz: que se parecia muito com a do comediante Ari Toledo e lhe soprava gracejos. Um pouco assustado, ele apalpa o volume que agora possui no meio das pernas.

(Mesmo um tanto contrariado, o jovem acaba por seguir as ordens ou instruções do Rubriqueiro.)

RUBRIQUEIRO – O jovem enfia a mão dentro da bermuda e de lá retira um par de meias. Ele, coitado, não teve dinheiro pra pagar a operação de colocação da prótese peniana. A empresa da qual ele foi desligado...

FELIPE MORGADO – Demitido!

RUBRIQUEIRO – A empresa da qual ele foi demitido ainda não pagou o que lhe deve. Caso contrário, ele já teria feito a cirurgia tão almejada.

FELIPE MORGADO – Teria mesmo.

RUBRIQUEIRO – Ele arremessa a meia pra longe. E se dá conta de que aquele era o último par limpo.

(Philip Morgan – ou Felipe Morgado – joga a meia para longe.)

FELIPE MORGADO – Bom... Já não tava tão limpo.

RUBRIQUEIRO – O jovem onanista, que desconhece o significado dessa palavra, não deve olhar para o público.

(O jovem começa a olhar o para público insistentemente – contrariando a ordem final do Rubriqueiro. Ele olha para os espectadores, repito, in-sis-ten-te-men-te. A música de encerramento, caso haja uma, deve ser "Goodbye Stranger", do Supertramp. Caso a produção tenha dinheiro pra pagar os direitos autorais devidos, é claro. A peça também pode terminar sem qualquer canção.)

Agora é pra valer!

FIM

Não me peça pra falar de amor

Thiago Salles Gomes

Esta peça é dividida em 22 fragmentos que funcionam em:

Blocos monologados
Blocos dialogados
Blocos de narrativa conjunta (monólogos menores)

PERSONAGENS

Indigente
Rapaz
Moça
Amigo

(1º Fragmento)

INDIGENTE – Ele saiu da sala durante a prova. Caminhava determinado. Estava aflito... Talvez algum motivo na faculdade... Talvez não. Uma briga, talvez. O curioso é que caminhava tão rápido e, mesmo titubeando por um segundo, pulou.

RAPAZ – De um enorme viaduto.

AMIGO – O viaduto de ferro, de vigas amarelas e estrutura larga.

MOÇA – Equivalente a um prédio de oito andares.

INDIGENTE – Pulou como peixinho. Na queda, deu azar de cair em cima de um veículo. Um veículo com um jovem que também morreu. Não foi a primeira vez que eu vi alguém se atirar.

RAPAZ – Igual a um filme rebobinado, imagens invadiram meus pensamentos. Em frações de segundos eu senti tudo de novo. Chorei e sorri pelos mesmos motivos. Como se fosse um resgate. Um resgate acompanhado de um olhar de mãe, de um gesto de pai.

INDIGENTE – Não tinha mais objetivos. Fez por desespero! Desespero com falta de ar. Parecia querer resolver todos os problemas de uma vez só. Dizem que é por causa da idade. As pessoas jovens têm pressa.

RAPAZ – Era um desespero físico e mental. Eu me masturbava demais nos últimos dias. Ansiedade...

Me lembro que gostava demais das pessoas que me fizeram sorrir. Eu tive vontade de abraçar tanta gente antes de dizer adeus!

INDIGENTE – Por que se atiram? Eu mesmo nunca pensei. Apenas cansei. Cansei da família, da mulher; dos filhos também cansei. Cansei de casa, de teto, de regras, obrigações, dívidas... cansei de ordens. Uma vez só... afogado com o cheque especial. Entreguei um carro. Depois teve outras cobranças.

MOÇA – Uma matinê de domingo. Éramos novos. A cobrança veio cedo, começou com pessoas que viram a nossa relação acontecer nos corredores do colégio. Fizemos exatamente como todos queriam. Nós também quisemos. A torcida das pessoas estimulava a nossa autoestima. Era bom. Mas a coisa ficou séria mesmo só depois do casamento. Antes era apenas um joguinho. No casamento que a gente conhece as pessoas de verdade. De verdade, não! Conhece melhor... de verdade não se conhece ninguém!

AMIGO – Ele se tornou um desistente. Mais um. Desistiu dos sonhos, de tudo. Cansou de existir, cansou de ser alguém. Amigos de infância. Vivemos as mesmas coisas, juntos, mas ele absorveu a vida diferente e não soube lidar com algumas questões. Uma tensão muito forte aparecia escondida no seu jeito de olhar.

(2º Fragmento)

RAPAZ – Uma cabeça saudável que foi ficando doente.
AMIGO – Foi perdendo pressão. Eu conhecia. Teve motivos...
RAPAZ – Precisa de motivos?
AMIGO – Desliga isso.
RAPAZ – Alô!
AMIGO – Durante a prova. Desliga o telefone, disse um professor.
RAPAZ – Dê zero e vá à merda!
AMIGO – Eu sabia a razão... Era ela. Enchia a cara de vodca. Era o maior prazer da sua vida, vodca!
MULHER – Estávamos num país diferente quando as coisas mudaram. Longe das admirações exaustivas que faziam da gente um casal ideal. Lá nós sentimos uma coisa que não havia mais aqui. Aqui as pessoas esperavam muito de nós. Foi lá que deixamos a rotina pra trás. Saímos para experimentar o novo. Um conto de horror e mistério...
AMIGO – Do jeito que a coisa andava...
MULHER – O que disse?
AMIGO – Depois da faculdade a gente andava juntos pelo centro, observando lugares...
MULHER – Que tipo de lugares?
RAPAZ – Lugares...

AMIGO – Uma vez entramos. Ele costumava ir com mais frequência. Me lembrava os cenários de filmes *cult* por causa da escuridão. Eu me sentia um primata lá dentro. Uma sensação de perigo que excitava. Eu parecia um moleque depois. O pior é que tenho que admitir que senti vontade de voltar. E voltamos, várias vezes.

RAPAZ – Agarrados por uma maré que nos cuspiu para um porto sem lei, sem regras, onde nós é que decidíamos os limites. Só que a gente foi se dando conta de que não havia limites. Eu fui me contaminando enquanto ela se alimentava da mesma doença. Só que o que pra mim era uma válvula de aliviar tensões, pra ela tinha o efeito contrário. Como se autocarbonizasse dentro de um carro, respirando as toxinas que eu fazia questão de liberar.

3º Fragmento

INDIGENTE – Esses dias apareceu um cara.

RAPAZ/MOÇA – Um cara entre nós.
RAPAZ – Mais um.
INDIGENTE – Igual a mim. Igualzinho. A mesma porcaria!
RAPAZ/MOÇA – E muitos outros também.

INDIGENTE – Ele vestia uma roupa fedida. Fedido, veio me pedir um favor. Eu olhei e não respondi. Ele continuou pedindo, eu continuava calado. Ele insistia na conversa, eu continuei calado. Calado continuei até a hora que ele começou a falar mais alto e disse...

RAPAZ – Eu não aguento mais!
MOÇA – Eu também não!
RAPAZ – Você precisa mudar.
MOÇA – Você me mudou!
RAPAZ – Eu?
MOÇA – Você, sim! Admite.
RAPAZ – Não lembro!
MOÇA – Fala a verdade! Tenta lembrar.
RAPAZ – Não lembro.
MOÇA – Tá deixando as coisas pelo caminho. Tá perdendo e não percebe.

RAPAZ – Já perdi você. Aquela pessoa que eu conheci e com quem me casei...
MOÇA – Não fala assim.
RAPAZ – É verdade!
MOÇA – Entrei nessa por tua causa!
RAPAZ – Não tem limites!
MOÇA – Você propôs.
RAPAZ – Mas quem viciou foi você.

INDIGENTE – Levanta o rabo daí, folgado! disse ele. Folgado, eu levantei, fui pra empurrá-lo. Eu gritei: Tá na hora de voar, vagabundo! Sou a cabine de controle e te mando pro espaço! Então, ele colocou o trem de pouso pra funcionar e saiu correndo, covarde! Saiu fritando o chão, fanfarrão! Não aguenta a pressão, não aguenta como eu também não aguentei, então voei, por isso tô aqui. Perdido no espaço, no tempo, perdido nesse lugar fodido, eu tô fodido!

4º Fragmento

AMIGO – Pegaram uma curva em alta velocidade. Misturaram sentimentos com falta de limites. Quebraram limites, mas esqueceram dos freios... Então capotaram.

MOÇA – Responde!
RAPAZ – Não fiz nada!
MOÇA – Você pensa que eu não sei?
RAPAZ – Sabe o quê?
MOÇA – Esse teu cheiro.
RAPAZ – Que cheiro?
MOÇA – Esse cheiro azedo nas tuas cuecas.
RAPAZ – Louca!
MOÇA – Não sou idiota!
RAPAZ – E se tivesse? Qual o problema? Mais aberto que o nosso casamento?
MOÇA – Você não quer fazer as coisas que eu peço, mas apronta aí fora!
RAPAZ – Não aguento mais essa sujeira que tomou conta da gente.
MOÇA – Como se a culpa fosse minha. Como se você não quisesse.
RAPAZ – Maldita lua de mel. Foi lá que as coisas começaram a dar errado. Foi lá!

MOÇA – Ah... que leide moralista!
RAPAZ – Não me peça mais pra falar disso!
MOÇA – Quer falar do que se isso é um problema?
RAPAZ – Quero falar de amor com você!
MOÇA – Por que comigo você não faz?
RAPAZ – Você extrapolou! Já tá tudo tão detonado que...
MOÇA – Quê?

(Silêncio.)

RAPAZ – Queria salvar o nosso casamento...
MOÇA – Não vem com essa...

(Casa do amigo.)

AMIGO – Fica calmo!
RAPAZ – Não me pede pra ficar calmo com ela daquele jeito!
AMIGO – Que jeito?
RAPAZ – Descontrolada! Não consegue parar.
AMIGO – Você também tá!
RAPAZ – Tô o quê?
AMIGO – Descontrolado.
RAPAZ – Só estou preocupado.
AMIGO – Senta um pouco.
RAPAZ – Não acredito...
AMIGO – Não podia ter deixado chegar nesse ponto!
RAPAZ – Ela não segurou a onda! Todo dia eu tentava evitar, mas não dava mais!!
AMIGO – Por que não dava?

RAPAZ – Não sei... não lembro!

(Casa do casal.)

MOÇA – Nem se lembrou do meu aniversário ontem!
RAPAZ – Foi ontem?
MOÇA – Idiota!
RAPAZ – Por que não me lembrou?
MOÇA – Esqueceu de comprar mais daquela porcaria?

(O rapaz fica em silêncio.)

MOÇA – Pra merda você! Vá comprar que eu tô querendo, meu amor! Presente de aniversário.

5º Fragmento

RAPAZ – Todo dia eu via pedaços da nossa casa indo embora. O nosso apartamento foi se desmontando e cada coisa que saía levava também um dos nossos sentimentos. Como no dia em que vi o nosso carinho sair sentado pelo sofá da sala acompanhado da nossa cumplicidade. Foi difícil ter que sair também. Foi muito difícil. Então, percebi que não existia mais nada lá dentro que pudesse contar a nossa história. Era isso. Uma história de duas pessoas que foi sendo apagada, como as paredes, que ficaram brancas e vazias.

AMIGO – Totalmente desequilibrado quando largou dela. Uma relação tóxica. Ele cansou de acordar tomando uísque e vodca no café da manhã em companhia de mais gente na mesma cama. Uma vez ela propôs.

MOÇA – Mentira! (Enlouquecida.)

AMIGO – Ela propôs uma coisa diferente!

MOÇA – É mentira! (Transtornada.)

AMIGO – Ele disse que não queria.

MOÇA – Mentira, é mentira dele! (No ápice da revolta.)

RAPAZ – Eu não queria, mas ela insistia!

AMIGO – Ela insistia...

MOÇA – Vocês não sabem de nada.

RAPAZ – Ela dizia que era apenas uma vontade, uma fantasia...
AMIGO – Deixe a hipocrisia de lado, não era vontade e nem fantasia, era uma tara mesmo!
MULHER – Então acho melhor a gente se separar! (Sarcástica.)
RAPAZ – Não fala isso!
AMIGO – O coitado somatizava demais as ameaças que ela fazia e acabou caindo no jogo dela. Chegou a... a manter relações com um... Foi humilhado. Disse que a mulher filmava tudo, essa era a condição. Ela, completamente desgovernada, tirou ele dos trilhos. Só que ele não aguentou. E descarrilou.
MOÇA – Ele me deixou quando estava de seis semanas. Só eu sabia. Deixei que fosse. Mas depois cobrei. Cobrei com a notícia da gravidez. Quando me procurou, eu disse que eu e o filho já éramos de outro! Entrou em euforia. Estava potencializado. Eu me diverti muito. Eu ri, eu ri demais daquela situação. Ele acabou com a gente. Jogou bosta na nossa fantasia! Foi então que eu fiz...
INDIGENTE – Vida fodida, casa fodida, mulher mal fodida, até o meu sobrenome era fodido. Um fodido exausto. Eu me acostumei com isso. Me acostumei com porra nenhuma. Todo dia um filho da puta vem aqui pra ver a altura. Sim, porque antes de pularem eles vêm aqui pra conferir. Todos, sem exceção. Acho que não confiam nesse velho viaduto. Com medo de a ponte de ferro traí-los e não dar o fim esperado. Eles, que se matam, já vêm pra cá

escolhendo não viver mais, não existir. É forte, não é? Pessoas que preferem deixar de existir!

AMIGO – Ela o induziu. É a única explicação. Ele tentava recomeçar. Mas a influência dela era muito grande. Se falavam por telefone. Ele andava amargurado nos últimos dias. Talvez por causa do bebê.

RAPAZ – Dizem que quando um filho nasce você deixa de comprar uma calça pra você pra comprar duas pra ele.

MOÇA – Enchi-o de expectativas que foram virando pequenos incômodos. Ele começou a demolir todo dia um pouco. Mas continuava firme em não querer mais nada comigo, apenas com a criança. Eu deixei. É bom ser criador de alguma coisa. Principalmente na cabeça dos outros. Às vezes eu ligava dizendo que seria a cara do pai, mas no dia seguinte já desmentia a paternidade. Eram sonhos e pesadelos. Uma brincadeira diária. Um dia eu liguei avisando sobre o nascimento prematuro.

RAPAZ – Uma criança doente por causa do abandono do pai, foi o que ela disse! (Transtornado.) Me acusava pelo parto prematuro e não me deixou conhecer o neném. O meu neném. Era menino. Foi a única coisa que me contou.

6º Fragmento

MOÇA – Se disser pra alguém que o nosso filho é prematuro, eu mato o bebê.
RAPAZ – Se você machucar o meu filho...
MOÇA – A minha mãe disse a mesma coisa de você. Tá vendo como é duro ver alguém judiar de um filho seu?
RAPAZ – Por que você me culpa?
MOÇA – A culpa é sua! Eu não era assim. (Constatando.) Eu não era assim. (Deprimida.)
RAPAZ – Vamos conversar.
MOÇA – Ele quis conhecer a criança. Então desapareci!

Outro fragmento

RAPAZ – Sumiu e levou o meu filho! Aquela vaca levou meu filho!
AMIGO – Fica calmo!
RAPAZ – Com ela daquele jeito?
AMIGO – Que jeito?
MOÇA – Não era assim! (Transtornada.) Eu não era, não era!!!

AMIGO – Você também tá!
RAPAZ – Tô o quê? Só preocupado com o meu filho.
AMIGO – Senta um pouco.
RAPAZ – Não tô acreditando...
AMIGO – Não podia ter deixado chegar nesse ponto!
RAPAZ – Se chamar a polícia, ela mata! Ela disse que mata e eu sei que sim. Conheço a vadia. O meu neném é frágil. Nasceu com novecentos gramas. Meu Deus, o meu filho é... frágil! Não quero ser um pai ausente! Não quero!!!

Outro fragmento dentro do sexto

AMIGO – Vomitava o nome dela várias vezes e depois puxava o próprio vômito. Como quem mastigava compulsivamente os dissabores da vida. Uma neurose! Foi visto divagando por corredores...
RAPAZ – Adrian, Bruno, Claudio, Danilo, Edgar, Fabrício, Gláucio, Luan, Rafael...
AMIGO – Ele procurava por um menino na maternidade. Um menino que correspondesse aos seus sonhos. O menino dos sonhos. Foi assim que saiu naquela tarde. Passou por três hospitais diferentes. Foi expulso dos três. No quarto, prenderam...
RAPAZ – É o Gabriel, o meu filho, aquele do berço sete! Eu sei que é... Gabriel! Olha pro papai; olha pra mim, filho! As pessoas não deixam! As pesso-

as aqui fora são foda, tá muito difícil de aguentar, filho, você vai sentir isso ainda, não dá pra confiar em ninguém, você vai ver, as vacinas que vão te dar não vão te proteger disso tudo, você vai ver; vai ver, não, você vai sentir, sim, você vai sentir...

INDIGENTE – Sempre aparecem novos problemas, não adianta! Foi difícil, mas não teve jeito. Do meu casamento com a coca e o craque nasceram meus filhos... O vício e as humilhações. Nunca fui atropelado por um carro na rua todos esses anos, mas em compensação, o egoísmo das pessoas me atropelou várias vezes sem nunca prestar socorro. Assim como a vaidade e a falta de compaixão!

7º Fragmento

RAPAZ – Não posso... (Distante.)
AMIGO – Você tem que fazer!
RAPAZ – Não...
AMIGO – Por que não?
RAPAZ – Você não entende?
AMIGO – Eu entendo, sim! Você tem que falar com eles.
RAPAZ – O que quer que eu diga? Pai, mãe, sabe aquela mulher com quem eu me casei? Pois é... ela deu à luz ao meu filho e sumiu. Desapareceu!
AMIGO – Você podia dizer... Pai, mãe, sabe aquela mulher com quem me casei? Pois é... fizemos um bacanal na lua de mel, ela pegou gosto, entrou pro clube e virou uma doente mental!
RAPAZ – Ela não é uma doente mental. Só está nervosa!
AMIGO – Presta atenção no que você tá dizendo! Olha o grau de gravidade.
RAPAZ – Eu conheço o meu pai... ele vai colocar a Interpol na cola dela. Você não conhece o meu velho. O cara é completamente maluco!
AMIGO – Você é pior que ele! Dez vezes pior! Se você não procurá-los eu vou ligar pra polícia e fazer uma denúncia de sequestro.

(Rapaz observa calado, escondendo um nervosismo interno.)

8º Fragmento

AMIGO – Contou para a família os problemas do casamento. Falou sobre o bebê também. Os pais foram a favor de seu afastamento. Inclusive da criança. Pelo menos naquele momento. Pra se recuperar. Foi internado para tratamento. Nesse tempo eu me dediquei a recuperá-lo. Começamos a sair pra ele voltar à rotina com cautela.

INDIGENTE – A cidade à noite é tentadora. O albergue só é bom no frio. Na rua eu sinto um calor que nunca tive em casa. Acho um cantinho que gosto e tento deixá-lo o mais quente que dá. Essa temperatura eu também só sinto aqui. Foi na rua que descobri o calor. Antes só sentia frio. Tinha outro lugarzinho de que eu gostava muito... um buraco num viaduto de uma grande avenida. A maior avenida da cidade. Sempre dormia lá. Havia umas árvores que pareciam formar um tipo de telhado, dando sensação de segurança. Mas na rua a gente aprende que não dá pra se apegar. Um dia a gente tem que sair. E foi o que aconteceu. Um grupo de garotos passou a me incomodar. Sempre que invadiam o buraco, cantavam músicas. Eram músicas de criança. Mas eles não queriam me fazer serenata. Pelo contrário. Queriam me expulsar de lá. E conseguiram. Tive que sair porque as músicas me faziam chorar. A melodia de suas vozes, o conjunto de vozes, me faziam lembrar dos meu filhos. Eu não aguentei e saí! Pra não me arrepender...

RAPAZ – Meu amigo me levou numa lanchonete. Dessas que só *playboy* frequenta. Comemos um lanche e fomos embora. Queria voltar pra casa, mas eu não quis. Não queria sair só pra jantar. (Impaciente.) Não sei por que ele fazia aquilo comigo. Uma proteção exagerada.

AMIGO – Tinha receio por ele.

9º Fragmento

RAPAZ – Tô a fim de sair, beijar na boca, transar, entendeu? Tô a fim de fazer programa de gente normal.
AMIGO – Se você não beber...
RAPAZ – Qual o problema?
AMIGO – Vamos pra casa!
RAPAZ – Tudo bem... eu não bebo.
AMIGO – Cinco reais a entrada e, de brinde, uma cerveja. Esse era o nível do lugar que ele pedia pra eu levá-lo.
RAPAZ – O show até que era bacana.
AMIGO – Mais ordinário impossível, uma coisa bizarra.
RAPAZ – O cheiro da mulherada me arrepiava.
AMIGO – Aonde você vai?
RAPAZ – Até ali, falar com ela.
AMIGO – Vai perder o show?
RAPAZ – Vou fazer o meu show.
AMIGO – Enquanto saía ele olhava pra mim...
RAPAZ – Olhava pra ele...
AMIGO – Olhava pra mim com um jeito maroto. Queria aprontar...
RAPAZ – Queria... muito... aprontar...
AMIGO – Apronta?
RAPAZ – Apronto com ela, depois apronto pra você.
AMIGO – Ele sumiu, mas o que ele disse não apagou da minha cabeça.

os dois – Apronto com ela, depois apronto pra você.
RAPAZ – Apronto com ela, depois apronto com você.
AMIGO – Apronta comigo? (Questionador.)
RAPAZ – Apronto...

Outro fragmento

(Som ensurdecedor de cidade, trânsito, buzina, sirene, trem correndo nos trilhos, cancela baixando.)

AMIGO – O que cê tá fazendo, idiota?
RAPAZ – Do jeito que eu achava que ela merecia.
AMIGO – O que você tá fazendo, idiota? Larga ela. Tá enforcando!
RAPAZ – Fiz o que eu achava que ela merecia!!! Ela merecia!!!
AMIGO – O que tá acontecendo, cara?

10º Fragmento

moça – Houve um hiato de ausência minha, mas já era hora de voltar. Seu silêncio me incomodava. Não procurou nem a mim e nem ao filho. Quis muito ligar só pra dizer – Não se preocupe, não existe mais compromisso comigo e nem com o bebê. Acabei de afogá-lo no tanque!
amigo – Não faça isso!? (Implorando.)
moça – Faço, sim! Essa criança faz parte de uma história que não existe mais! Sem o pai e a mãe juntos ela não precisa passar por isso.
amigo – Vim pra te ajudar.
moça – Não sou idiota!
amigo – Estou como amigo.
moça – Já te entendi. (Constatando, sarcástica.)
amigo – Entende que eu quero seu bem?
mulher – Entendo que você quer, o meu bem. (Dúbia.)
amigo – Que bom.
moça – Mas não vou deixar você tomar, meu bem. (Irônica.)
amigo – O que disse?
moça – Cínico!
amigo – Você precisa de ajuda.
moça – Você também. Tem gente que chama isso de doença. Você tá doente, não está?

AMIGO – Tá falando do quê?
MULHER – Cínico! (Enfático.) Ladrão! Tá querendo me roubar!
AMIGO – Enlouqueceu?
MOÇA – Não adianta desviar o olhar. Você é péssimo! Não me convence, não convence ninguém!
AMIGO – Vim aqui pra te...
MOÇA – Roubar! Você veio aqui pra me roubar, ladrão!
AMIGO – Não sabia que você tava tão mal!
MOÇA – Bandido!
AMIGO – Descontrolada!
MULHER – Ladrão!
AMIGO – E desligou o telefone na cara dele. Foi isso que fez. Vivia dizendo que faria. Só pra acabar com ele. Foi uma ligação curta, pelo que a polícia constatou. Durou doze segundos. Em doze segundos ele se levantou, mandou o professor à merda e deu fim a sua vida... Em doze segundos ela o convenceu a pular.

11º Fragmento

INDIGENTE – O Sol... tão lindo... Atrai quem está bem, imagine quem está perdido. As pessoas se deixam levar. O descanso. Não entendia como o significado dessa palavra é tão forte. Descanso. Alguém que agride uma pessoa como eu... Um dia eu acordei e vim direto pro chafariz me lavar. Os meus pés pareciam uma borracha, de tão sujos. No albergue, chuveiros quebrados, por isso eu vim. Apenas os pés... Tirei a blusa. Calor insuportável. E ele veio por trás. Por trás de mim, uma gravata, do mesmo rapaz que se matou. Me dominando, ele disse: Vou te denunciar, seu despudorado! Eu nem me lembrava mais dessa palavra. Que falta de pudor existe em alguém querer lavar os seus pés num chafariz público? Pra mim, seria falta de higiene. Parece clichê, mas é verdade. Sujeira é falta de dignidade, sim! Ninguém respeita. Eu vim pra rua porque eu queria respeito!

12º Fragmento

(Casa do amigo.)

AMIGO – O que foi aquilo?
RAPAZ – Eu não sei....
AMIGO – Você esganou o pescoço dela e não sabe?
RAPAZ – Engasgado tô eu.
AMIGO – Me explica!
RAPAZ – Não sei dizer, não me lembro.
AMIGO – Você não lembra de nada?
RAPAZ – Não tem mais importância ...
AMIGO – A vida de uma mulher não tem importância?
RAPAZ – Será que morreu?
AMIGO – Não! Tava roxa, mas respirava.
RAPAZ – E se morreu depois?
AMIGO – Não morreu, fica tranquilo!
RAPAZ – Acho que matei mesmo!
AMIGO – Não matou! Se acalma, cacete! (Silêncio.)
RAPAZ – Ela me ofereceu...
AMIGO – Ofereceu o quê?
RAPAZ – Ofereceu... Na verdade... na verdade eu que pedi.
AMIGO – Pediu?
RAPAZ – Eu pedi! Quando entramos no quarto ela disse que precisava usar o banheiro... Mentirosa nojen-

ta! Aí eu entrei e a vi usando aquilo pra me aguentar na cama depois. Acha que sou tão escroto assim?

AMIGO – Você também usou?

RAPAZ – Não...

AMIGO – Você pegou!

RAPAZ – Eu pedi, mas ela não deu.

AMIGO – Não mente pra mim!

RAPAZ – Tive que tomar a força, fazer o quê? (Sarcástico.)

AMIGO – Sabia. Eu fui confiar em você...

RAPAZ – Fica me pressionando, eu tenho que falar a verdade, ué! Não quer aceitar a verdade? Verdade é assim, a gente fala e você fica quieto, caramba.

AMIGO – Por que faz isso com você?

RAPAZ – As minhas costas...

(Amigo levanta a camiseta e olha.)

AMIGO – Caralho!

RAPAZ – Tá muito ruim?

AMIGO – Ela arrancou um teco da suas costas.

RAPAZ – Vaca!

AMIGO – Vá tomar um banho antes que essa porra necrose!

RAPAZ – A polícia vai achar minha pele embaixo da unha dela?

AMIGO – Vá tomar um banho, pelo amor de Deus! Tá me pilhando! Dá um tempo!

13º Fragmento

MOÇA – Um dia o vi passando na rua. Ele não me viu, mas eu vi. Andava tranquilo. Senti remorso. Remorso de tudo que eu vinha fazendo. Quis chamá-lo, mas... não... Estava bem. Recuperado. Era o que parecia. Fiquei sem coragem. Vê-lo bem me transformou numa coisinha ruim. Foi exatamente como me senti. Uma coisinha pequena perto dele. Ele seguiu com a vida e eu estacionei a minha ali. Deu saudades. Deu muita saudade.

AMIGO – Ela estava comprometida! Dava pra ver nos seus olhos. Não era normal alguém daquele jeito. Eu senti. Ela olhava pro tanque e pro quarto do bebê.

MOÇA – Queria que ele saísse da minha casa pra acabar com a criança naquela hora. Queria sentir mais uma vez na vida a sensação de coragem. Coragem pra matar o neném. Eu não conhecia mais aquele sentimento... coragem.

AMIGO – Ela seria capaz, sim!

MOÇA – Mentira! Botaram na cabeça dele. Era só uma paranoia minha. Uma paranoia de matar aquele moleque! Eu tinha vontade. De raiva, de ódio, mas depois passava.

INDIGENTE – Tive que reagir, senão morria. As poucas pessoas que passavam na rua não faziam nada pra me ajudar, como se eu fosse um brinquedo nas mãos de um rapazinho mimado, que brinca e destrói ao mesmo tempo. Mas eu reagi. Apesar das minhas condições. Durante a luta, senti seu cheiro. Lembraria sempre que passasse por mim. Me soltei quando apertei fundo seus olhos. Apertei fundo, com todas as forças que eu tinha. Antes de apertar eu tateei para achá-los. A sobrancelha era grossa. Talvez não tivesse me percebido, eu estava de costas. Ele não viu meus olhos. Mesmo assim não perdoo... Não é justo alguém como eu... alguém que é atacado pela vida todos os dias.

RAPAZ – Recaí novamente...

AMIGO – Logo depois que a criança nasceu eu fui procurá-la. A criança, não; a mulher, eu vi. Sem condições, sem coerência. Senti compaixão.

RAPAZ – Discutimos feio naquela manhã no jardim da faculdade... Não queria mais ouvir aquela conversa que ele insistia em continuar. Dei um basta!

MOÇA – Havia algo estranho nele. Havia um rancor...

AMIGO – O meu sentimento era velado. Totalmente velado.

INDIGENTE – O pôr do sol é uma vista linda daqui...

RAPAZ – Não queria mais que se metesse na minha vida, não queria mais nada que viesse dali!

MOÇA – Quando me procurou, eu senti. Queria me afastar do meu amor. E no seu querer eu percebi... tudo.

14º Fragmento

RAPAZ – Uma vez, eu e mais quatro garotos da escola fomos nadar na piscina de sua casa. Uma hora ele disse...

AMIGO – Nadar pelado é mais gostoso!

RAPAZ – Tiramos o uniforme escolar e jogamos sobre um gramado próximo. Um gramado bem verde que contrastava com o bolor das paredes da casa.

AMIGO – Foi uma época embolorada na minha vida. Fazia anos que não pintavam a casa. Achava aqueles sentimentos meio esquisitos, mas gostava, sim. Não entendia, mas gostava. Sentimentos adolescentes.

RAPAZ – Naquela tarde começou a chover granizo e todos saíram correndo, cada um pra sua casa. Enquanto eu saía, ele me abraçou pelas costas e disse baixinho.

AMIGO – Você é o meu melhor amigo.

RAPAZ – Não era comum aquele tipo de demonstração de afeto entre os meninos, mas ele sempre fazia de um jeito discreto...

15º Fragmento

MOÇA – Vou confundi-lo!
AMIGO – Para de falar assim!
MOÇA – Abre o jogo! Tá com vergonha?
AMIGO – Aonde você quer chegar?
MOÇA – Nas tuas taras!
AMIGO – Cala a boca!
MOÇA – Eu sempre desconfiei... vou matar o bebê no tanque! Vou matar afogado!
AMIGO – Aquelas imagens foram marcando na minha cabeça. Eu só pensava no tanque, no bebê e nela.
MOÇA – Afogar pra valer!
AMIGO – Cadê o neném?
MOÇA – Nem pensa...
AMIGO – Você machuca ele?
MOÇA – Saia da minha casa!
AMIGO – Se estiver machucando o neném...
MOÇA – Sai daqui!
AMIGO – Termina de me escutar! Eu não acabei!

16º Fragmento

RAPAZ – Essa tua conversa não me interessa!
AMIGO – Tô pedindo.
RAPAZ – Você tá sempre pedindo. Insistente!
AMIGO – Eu, insistente? Ela estava te fazendo mal. Você traía tua mulher com as putas mais escrotas, as mais nojentas...
RAPAZ – Não quero mais nada com ela, mas também não quero com você!
AMIGO – Não fala assim...
RAPAZ – Você é chato! Sempre foi! Sempre foi um chato!
AMIGO – Ela não te faz bem.
RAPAZ – Você, menos ainda!

17º Fragmento

AMIGO – Entendi o sentimento dela naquele dia. Ele não respeitava ninguém... Não respeitava os sentimentos de ninguém.

INDIGENTE – Seduzido pelo Sol, maldito Sol! De tanto observá-lo ele me cegou. Cegou com seu brilho dourado, que foi queimando a minha visão um pouco por dia. Não vi. Apenas ouvi. Senti o perfume. Por isso eu deduzi que era ele. Andava determinado, mas seu perfume ficou. Titubeou no parapeito.

AMIGO – Vulnerável... Dias antes já mostrava um cansaço físico que ia pro olhar...

RAPAZ – Não acredito nas pessoas que dizem matar por amor. Elas primeiro assassinam os sentimentos para depois passar para a vítima. Não havia mais amor nenhum, em ninguém de nós três.

MOÇA – Uma vez o meu amor me falou que seu amigo passava coisas para pessoas da faculdade. Já tinha uma cartela de clientes bem cheia. Acho, sim, que o amigo o empurrou para o vício novamente.

RAPAZ – Os dois deram uma força, com suas intenções.

MOÇA – A autópsia apontou consumo excessivo de entorpecentes.

AMIGO – Pulou por motivos demais.

moça – Me escutou... Escutou, mas não respondeu. Doze segundos de chamada. Doze segundos declarando o meu amor e arrependimento.

indigente – Não carrego culpa. Não carrego ninguém.

amigo – Eu e o indigente... as testemunhas da morte. Foi num momento em que a cidade estava tranquila. Poucas pessoas passavam no momento da queda, ao contrário do meu amigo, que trafegava por uma avenida de confusões. Ele era excessivo, é verdade, mas ela era pior! Ela pilhou o cara. Conseguiu fertilizar uma criança na cabeça dele que não existia. Nunca existiu!

moça – A gravidez que só havia na sua cabeça. Eu criei um bebê dentro dele. Transformei em culpa o peso de uma gravidez. Todos demos uma forcinha pra ele cair. Mas o amigo... um filho da puta. Todo mundo tem um amigo filho da puta.

18º Fragmento

(Jardim da faculdade.)

AMIGO – Sempre te ajudei!
RAPAZ – Se metendo na minha vida...
AMIGO – Encobri as tuas sacanagens e é isso que eu ganho?
RAPAZ – Não vem com essa!...
AMIGO – Tirou proveito da situação...
RAPAZ – Do que tá falando, louco?
AMIGO – Das coisas que já rolaram...
RAPAZ – Que coisas?
AMIGO – Os flertes. Você elogiou a comida que fiz outro dia, lembra?
RAPAZ – Sei lá.
AMIGO – Elogiou, sim!
RAPAZ – Posso ter falado mesmo, mas e daí?
AMIGO – Falou de um jeito insinuante.
RAPAZ – O quê?
AMIGO – Houve olhares...
RAPAZ – Seja mais claro...
AMIGO – Mais?
RAPAZ – Não te entendo...
AMIGO – As vezes que esquecia de levar a toalha pro banheiro, quem você pedia pra levar?

RAPAZ – Você me convidou pra ficar na sua casa enquanto eu não me resolvia com ela.

AMIGO – Não resolvia porque tinha dúvidas...

RAPAZ – Confundiu tudo!

AMIGO – Você fez sexo com um cara que nem conhecia.

RAPAZ – Quem disse isso?

AMIGO – Ela disse! (Enfático.)

RAPAZ – Fiz pra agradá-la. Ela insistiu nesse assunto...

AMIGO – Deixou tua mulher penetrar você... Ela me contou também. Conversamos bastante quando fui à casa dela pedir que deixasse você conhecer o bebê.

RAPAZ – Ela já estava muito transtornada, com essas ideias que destruíram a gente...

AMIGO – Ela me falou!

RAPAZ – Que mais ela te falou?

AMIGO – Contou o que você fazia...

RAPAZ – Tudo que eu fiz foi porque eu tava apaixonado. Ela me chantageava, você sabe disso...

AMIGO – Você e o rapaz... Ela me mostrou.

RAPAZ – Mostrou?!

AMIGO – O vídeo...

RAPAZ – Eu tava loucão quando fiz.

AMIGO – Você gostou...

RAPAZ – Larguei dela porque não aguentava mais!

AMIGO – Com desconhecido você faz, mas com amigo, não! Com amigo não pode...

RAPAZ – Cala a boca!

AMIGO – Eu queria ter visto mais do vídeo...

RAPAZ – Para de falar isso!

AMIGO – É verdade. Ela mostrou um trechinho, só pra me provocar, mas ela sabe que eu queria ver mais...

RAPAZ – Você é pior que ela!

AMIGO – Eu quero uma cópia pra mim. Você me arranja uma cópia?

RAPAZ – Foda-se!

AMIGO – Estou falando sério. Não estou zombando. Desculpe se foi isso que passou. É que eu adorei te ver naquela situação.

RAPAZ – Eu odiei.

AMIGO – Não devia. Você tava másculo, sensual...

RAPAZ – Doente!

AMIGO – Quantas vezes dividimos a mesma cama depois se que separou dela?

RAPAZ – Eu pensei que dividia a cama com um amigo, não com um...

AMIGO – Um o quê?

RAPAZ – Eu não tenho culpa se você é assim...

AMIGO – Assim como?

RAPAZ – Assim... desse jeito! (Sarcástico.) Desse teu jeito aí!

AMIGO – Que jeito?!

RAPAZ – Ah... qual é?

AMIGO – É sobre...

RAPAZ – É... isso mesmo! Não precisa ficar repetindo... Tá me dando asco! Não me obrigue mais a te escutar.

AMIGO – São sentimentos...

RAPAZ – Não quero saber de sentimento... não me peça pra falar de sentimentos com você... Você é uma pessoa doente, nojenta! Dessas que se aproveitam das fragilidades de uma pessoa. Eu confiei em você, caramba! Eu devia ter desconfiado da tua ajuda. Devia, sim, você tava demais na minha vida! Eu tô cansado de ouvir as pessoas me coagindo, eu devo ser um idiota mesmo, só pode ser isso. Devo ter uma cara de imbecil, pra confiar em pessoas como você e ela. Uma vagabunda e um traste que vive da fraqueza das pessoas. Porque essas pessoas que compram essa merda de você, assim como eu, são pessoas fracas, eu também sou um fraco, é isso que eu sou. Um fraco.

(Silêncio.)

AMIGO – Teu filho...
RAPAZ – O que tem meu filho?
AMIGO – Morto.
RAPAZ – O quê?
AMIGO – Teu filho está morto!
MOÇA – Afogado no tanque! Com cândida, alvejante, sabão e pó! Morto! Afogado, intoxicado, morto!
RAPAZ – Mentira!
AMIGO – Vim aqui pra te contar.
RAPAZ – Sai daqui!
AMIGO – Teu filho morreu. Por causa do abandono do pai!
RAPAZ – Não fala isso!
AMIGO – Novecentos gramas, coitado! Não aguentou o mergulho!

RAPAZ – Meu filho, não! Meu filho é frágil, não fala assim!
AMIGO – Morto! Teu filho está morto!
RAPAZ – Meu filho, não!

19º Fragmento

MOÇA – Era mentira dele!
AMIGO – Ela falou tanto que marcou na minha cabeça...
MOÇA – Palavras soltas, sem importância! Não eram pra fazer estrago...
AMIGO – Ela fertilizou, mas fui eu que matei!
RAPAZ – Ela fertilizou, mas fui eu que gerei!
AMIGO – Matei quando falei sobre o afogamento no tanque, porque até então a criança estava viva.
MOÇA – Foi ele quem pirou com meu amor.
AMIGO – Eu só queria machucá-lo também. Até então eram só ameaças dela que eu contava pra ele. Mas nesse dia... eu falei com tanta convicção que ele acreditou! (Divertindo-se.)
INDIGENTE – O que me deixou em dúvida sobre a possibilidade de ele ter pulado ou não, foi justamente a presença do tal amigo. Não sei dizer se o rapaz conseguiu alcançá-lo antes da queda, mas alguma coisa de grave tinha acontecido. Alguma coisa muito velada. Logo depois o amigo foi pra faculdade e em seguida ouvi o barulho da ambulância.
AMIGO – Jamais empurraria. O mendigo, sim. Haviam brigado no chafariz, mas o velho que saiu machucado. Mesmo cego, teria matado, o velho é forte. Se eu tivesse chegado a tempo teria im-

pedido, mas ele pulou! Titubeou, mas pulou. Por culpa dela. Ninguém se mata por um filho que não conhece, ninguém se mata por um filho que nunca existiu!

MOÇA – Mas ele não sabia!

AMIGO – Você que o fez acreditar ser pai de um menino!

MOÇA – Estava bem da última vez. Foi mais ou menos como um câncer. Sinais que não aparecem. Células defeituosas que num curto espaço de tempo abrem espaço para uma doença devastadora.

AMIGO – Como uma piscina que se transforma num rio violento. Um rio violento que mata e machuca quem mergulha. Eles mergulharam demais nas loucuras da relação.

20º Fragmento

RAPAZ – Experimenta...
MOÇA – O que é isso?
RAPAZ – É pra deixar a gente mais solto!
MOÇA – Nunca me falou que usava essas coisas. Por que só agora?
RAPAZ – Experimenta.
MOÇA – Já bebi demais no Lual.
RAPAZ – Mas o Lual foi só pra esquentar a noite. A festa vai começar mais tarde.
MOÇA – Por que você quer ir tanto pra essa festa, heim?
RAPAZ – Você vai gostar. Todo mundo gosta, mas não admite. Agora a gente não precisa mais esconder! (Excitadíssimo.) É só hoje. Aproveita!

21º Fragmento

INDIGENTE – Crianças em cima dos muros, deitadas pelas ruas, brincando no chafariz, crianças por todos os lados. Eu vejo vocês!
MOÇA – Crianças que brincam com balões, que comem pipoca, que olham pelas janelas...
AMIGO – Ele corria de uma infestação de crianças cantoras...
RAPAZ – Meninos e meninas que cantam uma música doce, em coro, com um lirismo afetuoso, de quem não foi contaminado pelos dissabores da vida.
AMIGO – Mesmo com o tumulto de gente, ainda assim ele chamava atenção. Ele fugia das crianças com um medo muito particular.
RAPAZ – Mesmo mergulhado entre as ferragens, mesmo com o barulho das sirenes, consegui escutar o canto delas... um canto lírico que causava arrepio de tanta sinceridade.
MOÇA – Como andorinhas cantam!
AMIGO – A música invadia seus ouvidos de maneira perturbadora, como um tsunami de emoções dolorosas, entupindo as artérias da cabeça, provocando uma maré de lágrimas que evacuava pelos seus olhos.
AMIGO – E corria de medo. Um medo incomum.
INDIGENTE – Calem essa boca!

22º Fragmento

MOÇA – Embaixo do grande viaduto, as pessoas se aproximavam do corpo que havia despencado e que permanecia deitado sobre o capô do carro que passava embaixo bem na hora. Um carro com outro jovem dentro, um jovem que também morreu. Seu corpo afundou na lataria. Sangrava pela boca e pelo nariz. Depois de meia hora seu corpo inchou. Hemorragia interna e falência múltipla dos órgãos. Ele teve muitos sonhos. Abriu mão... pra deixar de existir.

RAPAZ – Não me joguei e nem fui empurrado. Apenas saí... saí pelo viaduto. Havia perdido a noção de profundidade, como se fosse uma vertigem que me empurrava pra fora da vida à força. As coisas já não eram mais possíveis de tocar. Não sentia mais gosto, não enxergava mais as diferenças. Não foi uma decisão, mas um reflexo involuntário. Queria voltar à consciência, talvez nem quisesse mesmo ter tomado o caminho da morte. A verdade é que eu já estava na morte há algum tempo. Assim como ela (referindo-se à Moça). Talvez seja a próxima a sair por um viaduto ou uma janela. Não vai se jogar. Apenas o reflexo vai vir à tona. O reflexo de querer sair. Tive saudades de muita gente antes de dizer adeus!

AMIGO/ MOÇA – Adeus!

INDIGENTE – Enquanto corria pelo vale fui apedrejado pelo canto daquelas crianças insuportáveis... a melodia de sua música me fez tombar em pleno vale. Na queda, perdi algumas coisas... coisas que deixei pelo caminho. Perdi durante todos esses anos... perdi palavras, perdi pessoas... Me perdi! Na verdade eu coloquei tudo a perder. Só não perdi a imagem do brilho do Sol. Imagem forte que vou guardar na memória. Uma memória que às vezes esquece.
TODOS – *In memoriam.*

O garçom

Wagner Menddes Vasconcelos

Personagens

Alexandre (cerca de 30 anos)
Eduardo (cerca de 40 anos)
Garçom (cerca de 50 anos)

Cenário

Duas mesas simulando um restaurante. Nada muito realista.

Cena 1

(Garçom, visivelmente ansioso, recebe a plateia.)

g – Boa noite. Boa noite! Não. Não, por favor. Não falem nada... é que... eu sei que vocês estão sentados, esperando. E sei que vocês sabem quem eu sou... quer dizer, o que faço. Mas não, por favor. Não me chamem agora. Não peçam nada ainda. É que... uma vez, apenas por uma vez, eu queria... contar alguma coisa sobre a minha vida. Puxa, desculpem, sei que é estranho, mas se não sinto que posso explodir... eu... eu... sei que vocês estão esperando, querem pedir... olha, eu acho que a vida não é apenas um grande estômago vazio. Às vezes a gente precisa parar, olhar para alguém, ouvir. Oferecer alguma coisa, entendem? Não é só sentar e pedir e esperar, não... eu sei que vocês inclusive vão pagar, mas é só um instante... eu... puxa, como é difícil dizer! Será que é tão penoso perder alguns minutos simplesmente olhando nos olhos de alguém? Eu preciso que alguém me olhe... preste um pouquinho de atenção, até pra eu continuar a servir em paz...
(Foco numa mesa. Alexandre está sentado, impaciente.)
a – Garçom!

G – Vocês já precisaram pedir alguma coisa esquisita... mas que vocês precisam pedir mesmo assim...
A – Garçom!
G – Eu preciso pedir... eu preciso...
A – Por favor!
G – Mas é estranho... porque querer pedir o que quero faz com que minha vida pareça vergonhosa, miserável... sabem como é?
A – Senhor!
G – É... é que... (Sai num rompante.)

(Eduardo chega.)

A – Não é possível, esse cara simplesmente não me vê!
E – Quem?
A – O diabo do garçom!
E – Alê, não posso ficar muito.
A – Nem uma água eu consegui pedir...
E – Alê, não vou pedir nada.
A – Como assim?
E – Não vou almoçar.
A – Por que não?
E – Não tenho fome.
A – Você tá brincando? A gente não marcou?
E – Marcamos, eu sei. Mas...
A – Mas?
E – Não quero almoçar.
A – Ok, já entendi. Garçom!
E – Pensei muito hoje de manhã...
A – Senhor! Senhor!

E – Tenho pensado muito...
A – Garçom!
E – Eu não devo...
A – Ok, mas, de todo jeito, eu preciso almoçar!
E – Alê... não tô falando do almoço.
A – Não?
E – Não. (Breve silêncio.)
A – Não... quer?
E – Não que eu não queira. Querer eu quero, mas não... não.
A – Nós?
E – Nós.

(Silêncio.)

A – Assim? Senhor! Por favor!
E – Assim.
A – Desse jeito?
E – Ele nem olha para cá... que engraçado!
A – Por quê?
E – Parece um sinal...
A – Sinal?
E – Nem o garçom leva a gente a sério!
A – Por que você não quer?
E – Algo me diz que assim será melhor.
A – Pra quem?
E – Pra nós.
A – Nós?
E – Acho que eu não tô levando meu casamento a sério. Olha, sei que é muito ruim de ouvir, mas eu preciso dizer.

a – Fala.

e – Ontem à noite, quando cheguei em casa, a Agnes tava sentada na nossa cama. Tinha espalhado as fotos da nossa festa, algumas do namoro. Muitas fotos. Tava tão concentrada que nem me viu chegar. Eu fiquei um tempo vendo ela ali, tão envolvida. Brincando com as fotos que nem criança...

a – É culpa. Você tá com remorso.

e – Pode ser... mas não, não é só isso: me senti responsável...

a – É o que eu tô dizendo...

e – Espera! É mais do que remorso: eu não tentei de verdade, entende? Eu deixei que ela tocasse tudo sozinha. Eu me escondi...

a – E você sabe o porquê?

e – Talvez porque eu sempre fuja. Talvez porque tenha medo de gostar de verdade.

a – Não foi o que eu senti.

e – Você se iludiu. Como ela.

a – Por favor, não me compare com a tua mulher. Eu posso ser muito imaturo, mas não sou idiota. Eu senti você apertar minha mão. Você me levou para um lugar onde nunca estive antes. Você me mostrou que ele existe, sabe o que é isso?

e – Eu sei. Foi incrível. Feliz como um dia quente num parque de diversão. Depois a noite chega, vem o frio e a gente volta pra casa.

a – Eu nunca quis te prejudicar. Nunca quis destruir nada.

e – Eu sei...

a – Só quero te perguntar uma coisa...

E – Pergunta.
A – Lembra do primeiro dia que a gente ficou juntos?
E – Lógico.
A – Lembra daquela história íntima que te contei nem sei por quê? Você era praticamente um estranho... e eu nunca tinha contado pra ninguém.
E – Dos seus almoços de infância... do que você fazia com a comida da sua mãe...
A – Isso mesmo. Ter que comer tudo pro prato ficar vazio...
E – Com tanta gente com fome no mundo...
A – Isso mesmo. A questão é se você mesmo enche teu prato ou alguém faz isso por você.
E – Como assim?
A – Você acha que tem que comer tudo porque alguém encheu teu prato. Alguém decidiu o que você vai ter que comer.
E – Alex, todo mundo faz isso. Quantas vezes você não colocou mais comida do que aguenta?
A – E a gente não pode errar? Lógico que pode! Mas tem sempre que comer até o fim mesmo sem querer? Porque a gente não pode simplesmente abandonar o prato... é assim que a gente aprende.
E – Não tô entendendo aonde você quer chegar com isso.
A – Acho que tá entendendo, sim.
E – O que isso tem a ver com meu casamento?
A – Nada! Aliás, eu não tenho nada a ver com o teu casamento... *Silêncio* eu já entendi. Acho que a gente não tem mais nada pra dizer e eu perdi a fome. Se o garçom aparecer, manda ele se foder.

(Alexandre vai embora. Eduardo continua sentado até que o Garçom chega.)

G – Pois não?
E – Apareceu a margarida!
G – Senhor?
E – Não sei se você tem. Com certeza você não tem!
G – O que seria, senhor?
E – Eu quero alguma coisa muito forte.
G – Forte, senhor? Apimentada?
E – Pode ser! Que só tenha começo.
G – Senhor?
E – Forte e sem fim! Não me venha com nada que acabe. (Silêncio. Falando para o público.) Quando eu era pequeno, ficava horas olhando o cardápio, maravilhado. Pedir, então, era o êxtase, o poder absoluto, ainda mais para um menino! Mas eu só pedia no último momento, depois que meus pais ameaçavam pedir eles mesmos. Depois que comia, quando a conta chegava, eu só enxergava as pessoas que acabavam de chegar, com os enormes cardápios nas mãos. As caras de dúvida misturadas com um certo contentamento e expectativa... que inveja!
G – Posso sugerir?
E – Por favor.
G – Eu posso trazer o *couvert*, incluindo uma sardela apimentadíssima. Depois de algum tempo, retiro e trago de novo. O senhor estará sempre no início... o que acha? Prometo que não tiro o cardápio da mesa...

(Silêncio.)

G – Senhor?

Cena 2

(Eduardo está numa mesa. Alexandre chega.)

A – Desculpe a demora.
E – Pareceu uma eternidade.
A – Cinco, dez minutos, vai...
E – Uma eternidade.
A – E não vou poder ficar muito...
E – O que aconteceu?
A – O bicho tá pegando lá no setor.
E – Mas a gente precisa falar...
A – Eu sei.
E – Mas parece que não quer.
A – Du, você sabe como tá lá no setor...
E – Nem o telefone você atende direito.
A – Não tenho culpa se não posso te ligar. E você só liga quando não posso falar, tô cansado disso.
E – Como não pode me ligar?
A – Posso? Ligar como um criminoso? Falando em código? O que você acha que a gente tá fazendo? Não sei lidar com isso!
E – Por que isso agora? Você sempre soube de tudo, sempre contei tudo pra você.
A – O garçom já veio aqui?
E – Não.

A – Quanto tempo você tá aqui?

E – Sei lá, 20 minutos...

A – Vinte minutos! Cadê ele? Tá quase vazio... o que acontece?

E – Ninguém me vê. É isso que está acontecendo.

A – Como assim?

E – É isso. Estou invisível.

A – Mesmo? Tem a tua mulher, esqueceu? Ela deve te ver todo dia.

E – Ela? Só vê "o marido". O personagem do mundinho dela... no momento, minha mulher é um detalhe.

A – Detalhe?

E – Pesa pouco no que sinto.

A – Bobagem. Você acha que a tua mulher não influencia no que acontece entre a gente?

E – O que você tá querendo dizer?

A – Você tem ela.

E – E acha que quero?

A – E não quer? Não quer?

E – Nossa história é diferente... é diferente... vamos dar tempo ao tempo. Aliás, quanto tempo faz? Pouco mais de dois meses... é muito pouco.

A – Não é nada disso, você não vê? A gente já sabe o que sente. Já vi esse filme antes. É nossa história que não existe. Nem mesmo "o outro" eu sou. E não posso concorrer com o prato principal. Quem nasceu para ser aperitivo... (Pausa.) Nossa história não existe.

E – Que papo é esse? É só isso que você quer ser, Alexandre, um aperitivo? Aliás, delicioso, é bom dizer.

A – Prefiro me retirar no auge. Antes que o "delicioso" vire "enjoativo" ou "indigesto"!

E – Ah, não! A Greta Garbo do mundo gastronômico! Que aperitivo mais complicado...

A – Edu, tô falando sério. Entre o que eu gostaria de ser e o que eu sou tem uma puta diferença.

E – Já saquei. Você tá querendo dizer que tô te usando pra continuar com ela? Acha que te uso, é isso?

A – Acho que você tá respondendo...

E – É muito mais complicado que isso. (Breve silêncio.) Você não põe fé no que a gente tem.

A – A gente tem? Às vezes acho que só tenho o seu número de telefone, que muitas vezes não serve pra nada.

E – Ah, Alex... não é isso... (Breve silêncio.) Tô com uma dor no estômago, mas acho que não é fome.

A – Eu preciso ir, você sabe.

E – Como assim? Você vai embora?

A – Você quer mesmo é voltar pra casa. Derrotado e feliz. Você tá é se alimentando de mim pra ficar com ela... mas eu podia te agarrar com toda minha força. Não podia? Mas não faz a menor diferença agora. Sabe de uma coisa? Eu gosto assim. Foi bom ter entrado pela sua boca quente, escorrido pela tua garganta inteira. Ter apertado seu peito bem lá dentro. Ter quase preenchido todo teu estômago. Mas o tempo passa, não é, querido? Mais cedo ou mais tarde a gente é convidado a sair. Se tenho mesmo que sair eu saio logo. E é sempre bom evitar o cheiro ruim. Afinal de contas, a gente tá num restaurante, né?

E – Adorei o "pequeno bife"...
A – Como?
E – Como no teatro, quando as pessoas dizem que determinado ator tem um bife... uma fala grande, um pequeno monólogo. Um bife?
A – Esqueci que você fez teatro...
E – Mas o dramático aqui é você, meu caro.
A – É muito fácil pra você!
E – Escuta o que você fala... fácil pra mim?
A – Esse papo não vai a lugar algum...
E – Olha pra mim. Alexandre, olha pra mim!
A – Ok, estou aqui...
E – De nós dois, o meu obstáculo é o mais óbvio. Não posso negar, eu tenho uma esposa. E você?
A – Eu não tenho ninguém!
E – Ninguém?
A – Além de você.
E – Essa tua fala de ter passado por dentro de mim quase que escorregando... é bonita. Tenho que confessar, você tem talento. Aliás, você é uma pessoa incrível, Alexandre. Acho que nunca conheci ninguém como você. Nossa primeira noite... você lembra?
A – Como não?
E – Lembra da história que me contou?
A – História?
E – De como você enganava sua mãe quase todo dia fingindo que comia o almoço todo...
A – Até hoje não sei por que te contei...
E – Nunca vou esquecer teu rosto enquanto você contava. Confessando uma bobagem de criança para

uma pessoa que acabava de conhecer com um jeito de quem contava um segredo profundo. Tão sincero, sem jeito, com uma ternura que nunca tinha visto num homem.

A – Edu, eu tenho que ir...

E – Só que da mesma forma que você me desconcerta com esse tipo de delicadeza, quase sempre depois você me surpreende com uma dureza que parece que quer negar tudo que veio antes, sabe? (Breve silêncio.) Fala a verdade, olha pra mim: se eu te dissesse que eu terminei meu casamento, o que você diria?

A – Ter-terminou?

E – Responde!

A – Não sei.

E – Você ficaria feliz?

A – Claro...

E – Fala a verdade!

A – Não sei.

E – Não sabe?

A – Não. Quer saber mesmo? Não sei.

E – Então não venha me dizer que o problema é minha esposa.

A – Você tá tentando virar o jogo...

E – Que jogo? Eu tô gostando de você, de verdade...

A – Edu, eu preciso ir! Mesmo. Depois a gente conversa.

(Alexandre sai. Eduardo continua sentado. O Garçom chega.)

G – Pois não! (Breve silêncio.) Pois não!

E – Ah! Finalmente! Vocês sempre demoram meia hora para atender os seus clientes?

G – Meu senhor, nós fazemos um serviço diferenciado. Varia de pessoa para pessoa. Sentimos quando somos realmente necessários.

E – Vocês sentem? Você só pode estar brincando...

G – Pois bem: aposto que o senhor não está com fome. Mas precisa urgentemente desabafar.

E – Desabafar?

G – O senhor pode falar. Estou aqui para ouvi-lo.

E – Me ouvir?

G – Estamos aqui para servi-lo.

E – Me servir?

G – Servir bem para servir sempre.

E – Sempre?

G – Sinceramente, senhor, sempre é muito forte. Mas é bom de se ouvir.

E – A vida às vezes diz coisas horríveis de se ouvir.

G – Mas o senhor ainda pode escolher...

E – Escolher? Cadê o cardápio?

G – O senhor já está pronto?

E – Pronto?

G – Estar pronto, sim. Estar pronto é tudo!

E – Peraí. Já ouvi isso...

G – Quem sabe num palco?

E – Hamlet?

G – Ato V. Cena II.

E – Quem é você?

G – Senhor, estamos num restaurante.

E – Acho que sim.
G – Eu sou o garçom.
E – Que bom! Garçons leem Shakespeare?
G – Senhor, se me permite: o mundo é estranho. Já atendi a todo tipo de gente.
E – E daí?
G – E daí que a gente aprende, escuta, troca.
E – Troca?
G – Olhares, palavras, experiências.
E – Experiências? (Breve silêncio.) A propósito, posso fazer uma pergunta?
G – Como quiser, senhor.
E – Sem o senhor, por favor. Quem sou eu?
G – Perdão... quem é o senhor?
E – Sim, quem sou eu.
G – O cliente, senhor. Desculpe: o cliente.
E – Mesmo sem fome?
G – Há outros tipos de fome, senhor.
E – E o cardápio?
G – Agora? O senhor tem certeza? Não quer falar mais?
E – O cardápio!
G – Sim, senhor.

Cena 3

(Garçom em cena.)

G – (Ao público.) Estão prontos, senhores? Não? Pois não! Eu aguardo, senhores! Pacientemente. Pois no mundo sempre alguém espera alguém. E, às vezes, a gente no fundo sabe que a pessoa nunca vai chegar, mas, mesmo assim, a gente se alimenta de quem finge esperar. É que sempre alguém se alimenta de alguém. O restaurante é como a vida e, não se iludam senhores, somos bichos nos devorando o tempo todo. E o segredo é que existem os predadores, os que devoram mais do que são devorados. E, desculpem a rudeza, geralmente são os que mais cagam pra tudo. E cagam para poder devorar mais. Os restaurantes de hoje disfarçam o ritual sangrento do mundo. O ritual da sobrevivência. Hoje tem mesa branca, talheres brilhantes, copos tão finos. *Filet*? Com certeza. Mas sempre acompanhado de um molho com as mais finas especiarias. Disfarce do mesmo gosto de sangue. Tá sempre lá: o sangue. Agora vocês me dirão indignados: não, definitivamente não é assim! E o amor? Ora, senhores! O amor é uma desculpa cruel para que fiquemos mais entregues... suculentos e macios. Fáceis, muito fáceis de mastigar. Olha, eu não ganho muito. Na verdade ganho uma quantia módica. Mas devoro tudo que está diante de mim. Cada cara de fome, cada mulherzinha carente, cada porra de criança malcriada. E aprendo. Cada freguês me ensina mais um pouco. Como devorar sem olhar para os lados! Como mastigar sem dó. Mastigar é destruir, destroçar, pensaram nisso? Mas mastigar juntos é como uma missa de domingo... todos se perdoam! Você aí, já olhou bem pro pavor que é alguém mastigando? Então imagine-se dentro da boca daquela pessoa que você odeia... sendo mastigado pelos dentes dela, lentamente. Ou, pior... imagine que você está dentro da boca de quem você ama. Enquanto você se deslumbra, agradecendo aos céus, suas pernas estão sendo trituradas. Ou muito pior: imagine você, você mesmo, que, enquanto dorme, está sendo mastigado no escuro. Por ninguém. Está sendo devorado pelo tempo que passa, por tudo o que você fez, o que você não fez, por Deus, pelo pecado, pela fantasia, pela memória. E ninguém, ninguém, vai nos salvar. É isso... aprendam comigo. Aprendam comigo? O que estou dizendo? (Breve silêncio.) Senhores, posso servir mais alguma coisa?

Cena 4

(Eduardo e Alexandre chegam juntos. Sentam em silêncio, sem se olhar. Parecem em choque. O Garçom sai.)

E – Deve ser porque tão tirando o carpete do andar.
A – Horrível. Não posso com poeira. Mal consigo respirar.
E – Deviam mandar a gente pra outro prédio.
A – Será que ainda demora?
E – O garçom?
A – A reforma.
E – Ah... (Breve silêncio.) Não, acho que não. Cadê o garçom?
A – Você sabe o que tinha embaixo?
E – De quê?
A – Do carpete.
E – Ah... (Breve silêncio.) Não, não sei. Talvez cimentão mesmo. Por quê?
A – Sei lá. Tenho mania de querer ver o que tem embaixo das coisas.
E – Quer esconder alguma coisa embaixo do carpete?
A – Engraçadinho...
E – Sua mãe que o diga, né...?
A – Você ainda se lembra dessa história?
E – Foi sua primeira confidência.

A – Odeio ficar perto de reforma: é como estar em lugar nenhum.
E – Ainda bem que não sou alérgico como você.
A – Ainda bem.
E – É. (Breve silêncio.)
A – O garçom passou olhando.
E – Passou?
A – Ficou olhando de um jeito esquisito e foi embora.
E – Sério?
A – Que estranho.
E – Estranho mesmo. Desculpe.
A – Como?
E – Por ontem. Você sabe.
A – Não tem por quê.
E – Não?
A – Não. Ou então eu também tenho que pedir.
E – Pedir?
A – Desculpas.
E – Pelo quê?
A – Não sei do quê. Mas tenho.
E – Tá tudo bem.
A – Já não tem mais sentido, né?
E – Não? É. Acho que não. (Breve silêncio.) Perdemos o nosso chão.
A – Você também acha?
E – Talvez.
A – Não quer conversar?
E – Garçom!
A – A gente trabalha junto.
E – E daí?

A – Talvez seja melhor parar agora enquanto a gente se respeita.
E – E como vai ser?
A – Não sejamos românticos. Tudo é possível. A gente vai sobreviver. É só fingir que nada aconteceu.
E – Igualzinho como a gente fingiu pro povo do departamento até agora.
A – Exatamente. É só fingir entre nós também.
E – Promete pra mim que não vai fraquejar?
A – Eu sou bom nisso.
E – Assim?
A – Assim!
E – Sem mágoa?
A – Sem mágoa. A gente não tá combinando?
E – Eu tava com um puta medo.
A – De verdade? Eu também.
E – Você já viu o piso novo?
A – Não. Ouvi falar que é piso frio.
E – Melhor pra limpar. Depois da reforma onde você vai sentar?
A – Não sei ainda, talvez perto do corredor.
E – Eu gosto de você.
A – Você sabe que eu também.
G – (O Garçom chega. Os dois olham para ele, se olham e o ignoram. O Garçom espera um pouco. Olha para um, olha para o outro. Tranquilamente, vira de costas, ensaia ir embora. Mas volta e diz para o público.) **Já escolheram?** (Sorri maliciosamente e sai.)

(Eduardo e Alexandre se olham longamente.)

E – Não vou pedir mais. Passou a fome.
A – Tava com tanta que passou também.
E – Hoje tenho que ficar no setor até às 7, você acredita?

(Saem.)

Cena 5

(*Blackout*. Foco em uma das mesas. Alexandre fala ao público.)

A – Eu me lembro de uma irritante toalha plástica... coisa de casa de mãe. Com o calor, a toalha grudava sempre nos meus braços. Só eu e o prato enorme. A tarde já corria, cadê minha mãe? O prato já frio, grudento. A tortura de ter que comer punhados de arroz e pedaços de carne dura, até o fim. Eu pondo tudo na boca num rompante, tentando mastigar, pondo de novo para fora. Vontade de gritar. Por que tem que ser assim? Eu não quero! Cadê a mãe? Ninguém na cozinha, nunca! Mãe, eu não quero! Era como estar esquecido ali. Quem sabe fugir; quem sabe dormir em cima da mesa. Foi então que, passados dias e pedaços e mais pedaços de carne, descobri um milagre. Movido pela vontade de me enfiar no chão, achei um vão entre a mesa e um pedaço retangular de madeira encaixado embaixo dela. Era a extensão da mesa, antigamente era muito comum. E adivinhem? Passou a ser o grande refúgio das carnes engorduradas – das gemas de ovo, de tudo que era estranho pra mim no mundo. E dane-se! Ninguém podia ver... eu tava sempre sozinho mesmo! E, a partir daquele momento, salvo para sempre. E então o prazer cínico de esperar o povo de casa levantar da mesa, minha mãe subir, dar um tempinho, esvaziar o prato debaixo da mesa e esperar triunfante a cara mais ou menos satisfeita da minha mãe depois. Pensando bem, a mãe nunca ficava muito satisfeita com nada. Engraçado, Eduardo, a primeira vez que te vi, lembro agora, foi no refeitório da empresa, lembra?

(Foco acende e apaga sobre Eduardo, de pé, com uma bandeja na mão, diante da mesa ao lado, de frente para o público.)

A — Até hoje não entendo o motivo, mas a primeira vez que te vi na cantina, lembrei da cozinha da minha mãe, daquelas tardes de infância quentes e sem fim, da toalha grudenta, dos pratos frios... Pode parecer absurdo, mas quando te vi ali tive um medo enorme que você me visse te olhando. Eu quis me esconder debaixo da mesa. Mas era porque, naquele momento, se você me olhasse, tenho certeza, veria o menino que eu ainda sou. O que mal consegue comer o almoço inteiro. O que engana. O que esconde. Com certeza, você me veria de verdade. Meus olhos desamparados, meu peito quase sem ar, as minhas carnes apodrecidas debaixo da mesa e, ainda mais embaixo, sob a minha calça de escola, o meu pau gritando de tão duro. E saberia do que fiz com parte do meu almoço. O que eu fazia com a minha mão direita no banho, na hora de dormir, quando acordava, no banheiro da escola... e antes que você me visse no refeitório com tudo que ardia dentro de mim por você eu resolvi te assaltar com meus olhos. Eu resolvi te invadir com uma fúria que me fez perder a fome, esquecer onde eu estava e o que eu fazia ali. Eu comecei a devorar com meus olhos de pânico todos os detalhes do teu corpo que eu podia ver ou intuir. Como se o mundo fosse acabar. A pele do teu pescoço, tuas mãos grandes, o peito sob a camisa, as pernas... e com uma mágica que só os marginais entendem, sem que você me olhasse ao menos uma vez, pôde sentir o chamado que vinha de mim. Senão, como explicar o seu pau quase arrebentando a calça social? Então estávamos ligados num fervor de assassinos, fingindo anonimato em meio a pratos, talheres, comidas e colegas de trabalho. Comungando um segredo que latejava. E então, num rompante, sem nunca me olhar, você abandonou a comida e partiu para o banheiro. Foi uma eternidade os instantes de dúvida que vieram depois. Estaria eu enlouquecendo? Ou a cada instante que passava eu perdia os preciosos momentos do meu encontro secreto? Tremendo de medo, desejo e dúvida, fui atrás de você. Lá dentro o corredor dos mictórios estava vazio. Fui andando devagar até a última cabine. A única com a porta fechada. A porta se abriu. Sem pensar, me enfiei lá dentro. Você estava no escuro, atrás da porta, com as calças arriadas, imobilizado de pavor. Seu pau de fora, pulsando. O que aconteceu depois eu não sei direito. Entre o cheiro de urina e merda, o chão grudento, a comida entalada na garganta, a possibilidade de sermos pegos, a gente tentava se tocar, se abraçar, se morder... inútil. Nos batíamos naquele espaço apertado, cheio de aflição e urgência. Estremeci num gozo envergonhado, quase murcho, sujando minhas pernas. Você encostou na porta confuso e ainda muito excitado. Do mesmo jeito que entrei na cabine eu sai. Como um louco... mas antes não pude evitar de olhar pra você. E percebi que também me deixei ver por você. E como eu me sentia sujo, insignificante, humilhado. Meu Deus, o que vai ser desse meu desejo? O que foi que eu fiz?

(Foco na outra mesa, ao lado de Alexandre. Eduardo está deitado nu sobre ela, em posição fetal, parece dormir.)

A não consegui voltar pro refeitório e subi nove andares de escada, até o meu andar. Enquanto subia, foi me dando uma vontade enorme de chorar. Entre o nojo de mim mesmo e o medo de alguém ter visto e percebido tudo, seu olhar não me saía da cabeça. Um olhar que sorria. Maroto, viril. Dentro da confusão que eu sentia em mim, aquele olhar era como uma lanterna, que me esquentava suavemente por dentro. Antes de sair da cabine, na sua camisa desabotoada, vi um pedaço do seu peito. A pele lisa e brilhante, iluminada por um único fiozinho de luz. Imaginei aquele peito iluminado inteiro pela luz do Sol... Meu Deus, pensei, ele é real. Ele me viu. Ele olhou nos meus olhos. Meu desejo é real. Eu vi! Pela primeira vez eu vi o meu próprio desejo. E, por um momento, ele não era mais feio...

(Foco vai se apagando sobre Alexandre enquanto um pequeno foco, como de uma lanterna, se acende sobre o peito de Eduardo e vai subindo até seu rosto. *Blackout.*)

Cena 6

(Eduardo está sentado numa mesa, impaciente. Depois de algum tempo chega o Garçom.)

g – Lamento, senhor.
e – Tudo bem, mas... o que acontece? Faz um tempão que estou aqui e nada... o restaurante tá praticamente vazio...
g – Mas não me refiro à minha demora.
e – Não?
g – Lamento, a pessoa não vem.
e – A pessoa?
g – A pessoa.
e – Que pessoa?
g – A pessoa que o senhor aguarda.
e – Como você sabe que estou esperando alguém?
g – Experiência.
e – Eu lamento também. O senhor está enganado.
g – O senhor tem certeza?
e – Não marquei com ninguém.
g – O senhor me desculpe. Mas não marcar não significa não esperar.
e – Como?
g – O senhor definitivamente espera alguém.
e – Ok. E se for verdade?

g – Então tenho que avisá-lo que a pessoa não vem.
e – Não vem?
g – Não.
e – E o senhor pode me dizer por que a pessoa não vem?
g – Lamento. Mas não posso.
e – Já que o senhor parece estar bem informado, eu gostaria que o senhor me respondesse mesmo assim.
g – Talvez o senhor devesse ter marcado com a pessoa.
e – O senhor acha?
g – Mesmo assim, infelizmente, não seria uma garantia. Sabe como é...
e – E por que as pessoas esperam sem mesmo ter marcado?
g – Pergunta difícil. O que vai ser?
e – Como?
g – O senhor não vai pedir nada?
e – Acho que o senhor tem razão.
g – Como?
e – Não tenho a menor fome. Devo estar aqui por algum outro motivo.
g – A comida está no lugar de muitas coisas. Tem gente que vem aqui pra sonhar.
e – Sonhar?
g – Sim. Existe melhor sonho que sentar, abrir o cardápio, pedir e esperar sabendo que o que você pediu vai chegar?
e – Não é o que todo mundo espera de um restaurante ou, pelo menos, de um bom restaurante?
g – Todo mundo faz de conta que se trata apenas da comida... mas é como um ensaio. As pessoas precisam se sentir atendidas. No restaurante e na vida.

Aqui, de qualquer forma, elas têm a garantia de que serão. Mas na vida é um pouco diferente...

e – E onde entra o sonho nisso?

g – Ora, senhor... se a pessoa é atendida e alimentada aqui, a esperança disso acontecer lá fora é muito maior.

e – Então o garçom é uma espécie de Deus?

g – Digamos que seja um pobre diabo. Um "faz tudo" do Altíssimo. O que anota todos os pedidos e as reclamações.

e – Pensando bem, se estou aqui para encontrar com quem sequer marquei, é como se eu estivesse esperando um prato que nunca pedi.

g – Milagres acontecem.

e – O senhor pode fazer que eles aconteçam?

g – Com certeza, não. Mas faço minha parte. Enquanto estou aqui falando com o senhor o tempo está passando e a possibilidade de a pessoa aparecer aumenta.

e – Mas não foi você mesmo quem me disse que a pessoa não virá?

g – E mesmo assim o senhor continua esperando. Enquanto espera, alimenta a própria esperança. Talvez o senhor não queira apenas encontrar a pessoa. Talvez o senhor queira encontrar também a sua fé.

e – Eu não tenho fome. Não posso mais ficar aqui.

g – Como o senhor quiser. Talvez da próxima vez o senhor deva avisar.

e – Avisar o senhor?

g – A pessoa. Avisar a pessoa a quem o senhor quer realmente ver.

E – O senhor deve saber que não é simples assim.
G – Não, mas é um começo.
E – Um começo?

Cena 7

(Luz sobe lentamente. Garçom diante do público.)

G – Já viram, no começo da noite, um restaurante totalmente vazio, com vários garçons em pé, olhando uns para os outros? Que patético! Tem uns que vão para a calçada, ver os carros passando... Existe modo mais triste de ver a vida? Existe? É como estar dormindo em pé!

(Mais ao fundo, dois focos se acendem sobre duas mesas paralelas, distantes entre si. Frente a cada uma delas estão Alexandre e Eduardo, em pé, segurando cada um a sua bandeja. Apaga-se o foco sobre o Garçom.)

E – Não tem lugar em nenhuma mesa.
A – Nenhum.
E – Só ali no canto, dois lugares juntos.
A – Dois lugares juntos.
E – Ridículo. A gente dando voltas no salão fingindo não ver o outro...
A – Com medo de nos sentarmos juntos. Ridículo.
E – Então o que a gente faz?
A – Sentamos! (Sentam-se. Falam para o público, sem nunca se olharem.)

E – Você nem parece o mesmo do último sábado...
A – Naquele quarto de hotel barato, de tarde? Era eu mesmo.
E – Repete!
A – Era eu... o mesmo que agora roça o cotovelo no seu.
E – Eu totalmente sem jeito, sem almoçar, com a boca cheirando, o estômago ardendo. Querendo, sei lá, acabar logo com aquilo.
A – Acabar. Gozar. Acabar.
E – Mas então, quase chegando ao quarto, você parou de falar.
A – Parei de fazer qualquer coisa. Parei. Me deixei.
E – Tudo em silêncio: a chave, o corredor, trancar a porta, tirar as roupas com pressa, a camisinha... e então te vi sentado na cama, olhando pra mim como se nunca tivesse me visto. Parecia ter luz nos olhos.
A – Eu te vi. Eu me vi olhando para você.
E – Por um momento esqueci do meu pau.
A – Teu pau... teu pau!
E – Tive vontade de chorar.
A – Teu pau...
E – Você já engatinhava na minha direção... escalava minhas pernas com a língua... e eu queria te bater, te bater muito...
A – Seus pelos em cima do pau, matinho fino molhado.
E – Ou então esquecer de tudo e me agarrar àquele momento.
A – Nunca mais voltar.
E – Dormir dentro de você.
A – Dentro.

E – Foi então...
A – Então...
E – Que eu entendi.
A – Então.
E – Não é nada disso.
A – Não.
E – Nada disso que eu pensava.
A – Você pensava.
E – Era isso que eu queria.
A – Eu pensava?
E – Exatamente isso.
A – Teu pau.
E – Eu não era meu pau.
A – Não era?
E – Nem meu pau, nem minhas mãos, nem meu corpo no espelho, nem a memória, por um *flash*, do rosto congestionado de Agnes.
A – Agnes. Nome de freira velha. Agnes. Agnes. Agnes.
E – Eu não era nada que não fosse minha fome, uma fome imensa latejando, uma fome muito velha que me dizia: é isso, é isso, é isso.
A – Como você foi casar com uma mulher chamada Agnes?
E – Você foi como um banquete naquela tarde... um maravilhoso banquete de silêncios e cheiros e vertigens e eu tremi, e eu quis chorar e eu pensei: "não vou conseguir", parei e respirei e você não entendeu nada, mas estava ali, comigo, como ninguém esteve. Nunca ninguém chegou tão perto.
A – Tão perto.

E – Fui inteiro com você, sabe lá o que é isso?
A – Eu sei?
E – Inteiro? (Ambos se levantam, assustados.)
G – Vocês já dormiram em pé, esperando?
E – E agora?
A – Inteiro?
G – Vocês já pensaram que viveram a vida toda dormindo em pé, vendo os carros e as pessoas passarem?
E – E agora?
A – Dormir dentro de mim...
G – Pois dormir em pé, pensando bem, pode ser bom, não acham? Em pé, sonhando, vendo tudo passar na sua frente. Assistir a tudo como se estivesse invisível, como Deus! E ver, tão claramente, tanta gente dormindo também! Então você pensa num mundo vazio, onde coisas realmente importantes acontecem muito, muito pouco. É só esperar, esperar.
E – E agora?
A – Dormir...

(Alexandre, Eduardo e o Garçom estão imóveis, de frente para o público, enquanto a luz abaixa.)

Cena 8

(Eduardo sentado à mesa. Parece angustiado. Alexandre chega e senta. Por um instante, silêncio absoluto.)

A – Por que você não me atendeu ontem à noite?
E – Você sabe, não pude.
A – Puxa, nem uma mensagem.
E – Ela estava comigo o tempo todo.
A – Fosse ao banheiro. Uma mensagenzinha...
E – Ao banheiro com o celular?
A – Escondesse, ora!
E – Não é assim...
A – É, não é assim. Olha...
E – Já sei o que você vai falar... pensa que...
A – Eu tô cansado, Eduardo. Às vezes hotelzinho... às vezes de manhã. Às vezes de tarde. E depois do hotel?
E – Questão de tempo, você sabe.
A – Eu sei? Eu sei?
E – Você tá usando isso contra mim!
A – Contra quem eu deveria usar?
E – Até pouco tempo eu acreditava que amava minha mulher. Eu preciso de tempo.
A – Eu também preciso de tempo. Talvez um tempo longe de você...

e – Olha, você já assumiu. Você sabe que todos os começos são difíceis. No começo tudo ainda é muito frágil...

a – Pois eu me sinto muito frágil. Será que é por que estou com você?

e – Tenho uma surpresa pra você...

a – Surpresa?

e – Pra te dar um pouco de esperança. Pra dar pra gente um pouco de paz.

a – Tô curioso...

e – Sabe o garçom?

a – Garçom?

e – Aquele que insiste em alguns pratos...

a – O que é que tem?

e – Nós conversamos enquanto você não chegava.

a – E?

e – Não sei como, mas acho que ele sabe.

a – Sabe do quê?

e – Da gente.

a – Como assim? Você contou?

e – Não! Quer dizer, não neguei, mas acho que ele já sabia...

a – Eduardo, não tô entendendo nada. Você tá sofrendo com essa história e entrega o ouro pra um desconhecido? Um garçom? Não entendo...

e – Ele não é só um garçom!

a – Não? Que é? Não me diga que vocês têm um caso?

e – Você tá louco?

a – Eu? Sou eu que estou louco?

e – Olha, na boa, parece loucura... mas ele me ofereceu...

a – Ofereceu?
e – É... acho que você não vai entender...
a – Eduardo!
e – Olha para os lados.
a – Ai, meu Deus. Eu tô ficando com medo.
e – Olha para os lados.
a – Tô olhando! E aí?
e – Grita comigo.
a – O quê?
e – Grita comigo!
a – Vou embora!
e – Grita comigo, porra!
a – Filho da puta...
e – Mais alto.
a – Filho da puta!
e – É o mais alto que você consegue? Não tem força?
a – Veado! Veado do caralho!
e – Olha quem fala!
a – Você acha que engana todo mundo seu veadinho? Veadinho! Bicha! Bichinha! Bicha louca! Bicha escrota! Você gosta é de pau! De pau!
e – Ok, tá ótimo!
a – (Tremendo.) O que está acontecendo?
e – Olha para os lados!

(Alexandre observa as mesas ao redor. Ninguém parece percebê-los ali.)

e – Viu?
a – Por que ninguém olha pra gente?

E – Viu?
A – Senhora? (Dirigindo-se a uma mesa mais próxima.) Senhora, sua bolsa está aberta! Senhora!
E – Então?
A – Nós morremos?
E – Não brinca!
A – Morremos juntos? Você me matou e depois se suicidou! Ai, meu Deus!
E – Não seja dramático!
A – Ok! Me explica!
E – A surpresa!
A – O quê?
E – A surpresa que eu te prometi!
A – O que significa?
E – Estamos invisíveis por algum tempo.
A – Invisíveis?
E – Você gostou?
A – Hã?
E – Ele que me sugeriu!
A – Ele?
E – O garçom!
A – O garçom?
E – Ele está nos oferecendo...
A – Oferecendo?
E – Não era isso que você queria?
A – Eu queria?
E – Que a gente vivesse tudo no meio de todo mundo?
A – Tudo?
E – Uma vida normal. Além do mais, acho que sou mais sincero quando ninguém está me vendo... você não?

a — A gente pode transar em cima da mesa agora?
e — Pode. Você quer?
a — Acho que não.
e — Não?
a — Não. Estou com fome. O garçom não vem?
e — Ah! Esqueci de te dizer. Ele não vem.
a — Não vem?
e — Ele não pode vir.
a — Não pode?
e — Ficaria estranho ele servir pessoas invisíveis, não?
a — Com certeza.
e — Pois é.
a — Eu tô com fome. E agora?
e — Não quer aproveitar?
a — Aproveitar?
e — Estamos invisíveis! Não quer fazer nada?
a — Fazer o quê?
e — Um beijo? Nem ao menos um beijo?
a — Eu tô com o estômago vazio, dor de cabeça...
e — Dor de cabeça?
a — Quanto tempo vai durar isso?
e — Não sei!
a — Não sabe?
e — Esqueci de perguntar...

Cena 9

(Alexandre na mesa. O Garçom chega.)

G – Senhor Alexandre?
A – Sim?
G – Um recado para o senhor!
A – Recado?
G – Ligaram na gerência. Eduardo mandou dizer que não virá.
A – Tem certeza?
G – A moça da recepção anotou, está aqui.
A – Por que ele não ligou para o meu celular? Será que aconteceu alguma coisa?
G – Aconteceu, senhor.
A – Aconteceu?
G – Ele não virá, é isso que aconteceu.
A – O senhor está brincando comigo?
G – Desculpe, não foi minha intenção. Estou tentando tranquilizar o senhor.
A – Obrigado!
G – O senhor quer alguma coisa?
A – O cardápio, por favor.
G – Senhor, lamento. Temos um grave problema na cozinha. Fomos forçados a interromper o serviço por algumas horas. Em nome do restaurante, peço desculpas.

a – Tomei uma água, o senhor pode trazer a conta, então?

g – Um momento... (Ensaia sair, mas volta.) Senhor, me permite?

a – Sim?

g – A mesa da sua infância. A dos almoços intermináveis.

a – Como? (Breve silêncio.) O que o senhor tem a ver com isso?

g – O senhor me desculpe mais uma vez, mas o senhor está sentado nela.

a – Não, senhor. O senhor está redondamente enganado!

g – Pode ser. É uma pena!

a – O senhor pode me explicar por quê?

g – O senhor escondia coisas debaixo da mesa, não escondia?

a – Es... escondia.

g – Comida? (Alexandre confirma com a cabeça.) O senhor chegou a provar antes de jogar fora?

a – Com certeza.

g – É muito feio desperdiçar comida!

a – Era o que a minha mãe me dizia...

g – Muito, muito feio.

a – Acha mesmo?

g – Uma mancha no seu passado!

a – Tão grave assim?

g – Me permite expressar minha opinião? Esconder a comida mais importante do prato, mentir, deixar as carnes apodrecendo durante anos, ali, na mesa onde a família fazia as refeições. Um pecado! Vocês não eram pobres?

A – Muito. (Breve silêncio.) O que eu posso fazer agora?
G – O senhor está com fome?
A – Estou aqui há mais de uma hora, o que o senhor acha?
G – Eu vou dizer de novo: a mesa da sua infância está aqui, o senhor está sentado nela. Pense quanta gente morre de fome no mundo... pense nisso! Pense em toda essa carne que o senhor desperdiçou...

(O Garçom sai. Alexandre está inquieto. Depois de alguns instantes, procura embaixo da mesa. Enfia a mão e acha um pequeno vão, de onde tira um pedaço de carne dura e preta. Vai tirando vários pedaços até a mesa ficar cheia. Escolhe um pedaço, respira fundo e põe na boca. Tenta mastigar e vomita. Tira a tábua que estava encaixada sob a mesa e a joga no chão. Num rompante, joga tudo da mesa no chão. Grita e chora.)

A – Eu não quero! Não quero! Não! Eu não vou comer! Não vou!

Cena 10

(O Garçom está de frente para o público, em cima da mesa, segurando um cardápio. Parece uma estátua de santo. Em cada canto da mesa estão, sentados, Alexandre e Eduardo.)

A – Você vai pedir?
E – Não sei. Tenho medo de pedir o cardápio.
A – Como que a gente pede sem cardápio?
E – A gente experimenta pedir alguma coisa que todo restaurante tem?
A – É muito esquisito pedir sem saber o que tem!
E – A gente tá aqui faz um tempão e ele não fala nada...
A – É... senhor?
G – Sim?
E – Respondeu!
A – Nem acredito! Senhor?
G – Sim?
A – Podemos ver o cardápio?
G – Não!
A – Não?
G – Não!

(Silêncio.)

E – (Reunindo forças.) Por que não?
G – Porque sim!
A – Sim? Podemos ver?
G – Já disse que não!
A – Como a gente vai comer?
G – Já sabem o que vocês querem?
E – Como a gente pode saber se o cardápio está com você?
G – Peçam primeiro. Nunca ensinaram a vocês que primeiro a gente tem que pedir?
E – Eu queria saber o que eu posso pedir.
G – Não vou falar!
A – Você tá brincando...
E – Eu quero ir embora!
G – Não adianta: primeiro você tem que saber pedir.
E – Pedir pra quem?
G – Peçam pra Deus, ora. Suas mães não ensinaram?
A – Ensinaram a pedir pra Deus o que fosse bom...
E – O que não fosse pecado...
A – Ensinaram a pedir a Deus o que a gente pudesse pedir pras mães...
G – Bom começo...
E – Que nada. A gente aprendeu a só pedir o que acham que a gente pode pedir.
A – O que deixam a gente pedir.
G – Não está bom?
A – Não!
E – Não!
G – Já pensaram que o que vocês querem pode ter no cardápio?
A – Por que a gente não pode saber o que tem no cardápio?

G – Só pode saber o que tem no cardápio quem está preparado pra pedir.

E – Puta papo de louco!

A – Mas todo mundo pode saber o que tem direito de pedir!

G – Olha, o que todo mundo pode ninguém vai saber. Você só pode saber de você... e o que você quer?

A – Quero muito uma coisa.

E – Eu também.

G – Diabo! Então falem!

A – Aí vou me sentir ridículo.

E – Ai, que saia justa...

G – Vão falar ou não?

A – A gente queria um quarto.

E – Com uma cama de casal.

A – Eu queria... adotar uma criança.

E – Quero viver com um homem. Eu quero...

A – Acho que quero viver com ele.

G – Ele?

A – Ele. (Apontando para Eduardo.)

G – Dois homens?

A – É!

G – Que estranho!

A – Tem no cardápio ou não tem?

G – Não, não tem.

E – Então vai te foder! Vai tomar no cu! (Silêncio.)

A – Espera! Pensa um pouco. Tem amor?

G – Não.

A – Não tem amor no cardápio?

G – Não sei o que é isso. Por acaso o senhor sabe?

e – Então, tá explicado.
g – Tá explicado?
e – Seu cardápio não dá conta.

(Silêncio.)

a – A gente não pode ir pra outro lugar?
e – Eu queria ficar aqui...
a – Por quê?
e – Sei lá... acho que tenho medo de ir pra outro lugar...
a – Medo de quê?
e – E se eles também não tiverem no cardápio o que a gente quer? Tá ficando tarde... vamos pedir alguma coisa mais fácil, que todo mundo pede...
a – Eu não vou desistir!
e – Não?
a – Não.
e – Por quê?
a – É a minha vida, é isso. É a porra da minha vida.

(Eduardo fica um pouco em silêncio. Vai até Alexandre. Abraçam-se. Saem de mãos dadas. A luz cai. O Garçom fica uns instantes na penumbra. Quando desce da mesa, a luz sobe e ele vê o público.)

g – Vocês? Ainda aqui? Olha, não quero ser rude. Mas acho que o que vocês estão esperando não vai chegar. Não chega. Chega nada... a felicidade e o hábito muitas vezes não andam juntos. Querem ver o cardápio outra vez? Eu sei, não tem nada de novo, não.

Mas tudo bem. Quem sabe vocês não se animam com alguma coisa? Mas... esperem! Aliás, a questão é esperar mesmo. Enquanto você espera, você diz pra você mesmo: tô esperando o garçom, tô esperando o espaguete, e por aí vai. E de barriga cheia, você vai esperar o quê? A próxima fome? Mas eu quero contar um segredo. Eu inventei um jeito de me manter forte apesar das minhas dores. É quase uma mandinga. Querem saber? Eu vou dizer... não, vou mostrar!

(Mostra a parte interna do cardápio para o público, tira uma das folhas do plástico, deixando ver um pequeno papel dobrado dentro do plástico.)

G – Há muitos anos, numa noite em que tudo parecia não ter o menor sentido, eu coloquei o único desejo que me fazia querer estar vivo num pedacinho de papel. Fiz um ritual pra ele, do jeito que minha mãe me ensinou: dobrei o papel em sete partes e coloquei embaixo do colchão. Dormi sete noites. Em seguida, escondi dentro do cardápio, bem embaixo dos pratos principais. Só eu mexo nesse cardápio. E hoje, anos depois, em mais uma noite em que nada faz sentido pra mim, eu me pergunto: pra quê? Talvez eu ache uma saída contando pra vocês... ou talvez me sinta mais ridículo, mais miserável...

(Depois de pensar um pouco, o garçom abre o papelzinho lenta e cuidadosamente. Silêncio. Ensaia contar até tomar coragem. Lê ao público como uma criança lendo em sala de aula...)

G – Quero me sentar na escada que dava pro quintal da casa onde nasci, de frente para uma árvore de muitos galhos e poucas folhas. De lá, vejo o bairro quase inteiro. Mas quero estar lá no final de uma manhã, justo na hora em que uma nuvem ficava bem em cima do sol. Então eu tinha os olhos livres e até podia ouvir melhor os barulhos suaves vindos da cozinha. É a lembrança mais forte que tenho da minha mãe e, engraçado, naquela hora eu não podia vê-la, só ouvi-la mexendo nas panelas, fazendo almoço. Ah... minha mãe fazendo almoço! E, então, acontecia: o cheiro do feijão tomando tudo e o chiado da panela de pressão. Então eu sentia que estava dentro do mundo e eu tinha a vida toda pra mim... (Silêncio.) O feijão da minha mãe. O cheiro do feijão da minha mãe. Minha mãe...

(O garçom abaixa o rosto e se encolhe como se tentasse reter sua lembrança.)

Luz cai devagar.

Fim.

Tem espaço de sobra no meu coração

David Anderson

Aos meus pais.

PERSONAGENS

Bia – ex-psicóloga e atual garçonete
Cláudio – escritor frustrado e atual revisor
Lia – ex-bailarina e atual atendente de telemarketing
Tom – ex-líder de banda e atual compositor de *jingles*

Esta peça é toda permeada pelas canções do CD "Sweet Jardim", da cantora Tiê.

UM

(Num canto do palco, Lia está sentada, de costas para a plateia, olhando para a janela. Fica uns instantes assim. De vez em quando se vira e mira a porta. Depois de uma pausa, levanta-se e começa a ensaiar tímidos passos de balé. Mal inicia um e já para, como se fizesse algo errado. Corrige e faz de novo. Percebe que Cláudio está chegando e senta-se. Os dois se veem sem conversar e ela se vira pra janela de novo. Ele guarda suas coisas de forma lenta e metódica. Olha duas vezes e meia pra ela. Luz se apaga. No outro canto do palco, ainda completamente no escuro, ouvimos a voz de Bia.)

BIA — (Cantando baixinho e com voz suave trechos da música "Te Valorizo", da Tiê.) "Vem... / Me faz um carinho."

(Luz retorna e mostra Lia olhando pra porta e Cláudio entrando da mesma forma que antes. Pausa. Luz se apaga.)

BIA — (Cantando; ainda no escuro.) "Vem... / Me faz um carinho."

(Cláudio entra de novo e Lia fica olhando pra ele. Pausa. Eles ficam no escuro, e do outro lado vemos Tom carinhando Bia, que está dormindo.)

TOM – (Cantando.) "Me toque mansinho... / Me conte um segredo... / Ou me enche de beijo."

(Foco volta pra Lia, que está olhando a janela, enquanto Cláudio a observa. Luz muda pra Bia, que acaricia Tom enquanto ele dorme.)

BIA – (Cantando.) "Se eu ousar te contar... / O que eu sonhei... / Pode até engasgar... / Pagaria pra ver."

(Lia e Cláudio em foco de novo.)

CLÁUDIO – (Incomodado.) Que tanto... (Pausa.) você tá olhando aí?
LIA – (Ainda olhando a janela.) Nada...

(Vemos Bia dormindo enquanto Tom a acaricia.)

TOM – (Cantando.) "Depois vá descansar... / Outra forma não há... / Como eu te va-lo-ri-zo... / Eu te espero acordar."

(Lia vira-se para Cláudio. Pausa.)

LIA – Só tava vendo... (Tom.) Tentando ver... A vida lá fora.

DOIS

(Tom está tocando violão em sua casa.)

TOM – (Cantando.) "Quer me beijar / Boca acesa..."

(Toca mais alguns acordes e para. Recomeça e interrompe de novo, como se não estivesse gostando.)

(Cláudio está fazendo a barba em casa. Lentamente. De súbito, para.)

CLÁUDIO – (Em *off*, como se estivesse pensando.) Na hora do (Tom.) "Você aceita...", ele tinha que dizer alguma coisa. Era uma palavra. Só uma palavra. Curtinha...

(Cláudio pega o tubo de barbear e vai jorrando a espuma no espelho.)

CLÁUDIO – (Em *off.*) De uma sílaba... Ele achava. Mas qual era a palavra mesmo? (Pausa; Tom; sem o *off.*) Esquece. Isso não tá legal. (Pausa; aproximando-se bem do espelho; em *off.*) Eu faço a barba duas vezes por dia... Porque eu nunca sei quem eu vou encontrar à noite.

(Luz vai se apagando à medida que ele encobre o espelho todo. Depois, do outro lado, vemos Bia deitada no colo de Tom.)

BIA – (Despertando.) Huuuummm...

TOM – Nossa... Já acordou?

BIA – (Rindo.) É... Antigamente suas canções de ninar eram bem melhores...

TOM – Ah, é? Tô há duas horas aqui te fazendo cafuné pra ouvir você dizer que minhas músicas não prestam mais? Aprendeu com os críticos?

BIA – (Carinhando-o.) Nããããão, querido... Só quis dizer que algumas delas são inesquecíveis... Sonhei com uma.

TOM – Sério? Qual?

BIA – A primeira que você cantou pra mim. A primeira cantada que você me deu. (Pausa; Tom.) Típica cantadinha barata...

TOM – (Rindo.) Barata? Cê acha que tá me saindo barato aguentar você até hoje?

BIA – (Dando um tapinha nele.) Olha que sacana. Mas aposto que você nunca... nunca tinha cantado pruma fã tão bonita assim. Né?

TOM – Não sei.

BIA – Não???

TOM – Não. Na verdade... (Olhando-a fixamente.) Eu é que nunca tinha me tornado fã de alguém tão rápido assim.

(Os dois dão um longo beijo. Luzes se apagam. Lia aparece em frente ao espelho. Fica parada olhando a sujeira.

Com movimentos bem marcados, vai tirando lentamente a espuma do espelho. Depois, passa as mãos no rosto, sujando-se com a espuma. Olha sua imagem refletida com estranhamento. Vira-se, dá um passo e se volta pro espelho de novo. Fica um tempo olhando.)

David Anderson

TRÊS

(Bia surge e, enquanto se arruma pra sair, começa a conversar com Tom.)

BIA – E aí? Conseguiu?
TOM – Conseguiu o quê?
BIA – Terminar aquela música.
TOM – Não. Tô aqui tentando. Mas tá difí... DROGA!
BIA – Que foi?
TOM – A corda.
BIA – Que corda?

(LIA aparece dormindo agora. Fica assim por uns instantes. CLÁUDIO surge. Abre a porta pra sair, mas para, fica olhando pra ela e volta pra acordá-la, tocando-a bruscamente.)

CLÁUDIO – Lia. (Pausa.) Lia! ACORDA!
LIA – (Despertando.) Huuum... Que foi?
CLÁUDIO – O que foi? (Pausa; sério.) Não. Ainda não foi. Mas eu espero realmente que seja.
LIA – Não foi? Que seja? (Pausa.) Não foi que seja o quê?
TOM – Foi justo a corda "Mi".
BIA – E isso é grave? Não dá pra tocar com quatro cordas?
TOM – Depende... Pode ser grave ou agudo. Mas no seu caso, Bia, é grave. (Pausa.) QUATRO cordas?

BIA – É. Se uma quebrou... Sobram?

TOM – É assim que você tá preocupada comigo? Mora há anos com um músico e não sabe nem quantas cordas tem um violão? Quantos divãs tem seu consultório? Oito? Dez? Usa beliches no lugar dos divãs?

BIA – Olha, Tom... (Pausa.) Não sou obrigada a ficar contando corda. Já bastam as contas que eu tenho pra pagar. Porque EU pago contas... Sabe? E depois... O "artista" aqui em casa é você. (Tom.) Ou ERA você.

CLÁUDIO – Não é HOJE aquela entrevista do emprego que eu te indiquei?

LIA – (Ainda um pouco sonolenta.) Emprego? Entrevista?

CLÁUDIO – Lia: ACORDA! Vai ficar eternamente aí nesse seu mundinho de sonhos?

LIA – Ah, tá. Claro... (Pausa.) A entrevista.

CLÁUDIO – Que bom. Demorou só duas horas, mas você lembrou... (Pausa; fica encarando-a; em *off*.) Uma palavra. Só uma. De uma sílaba.

LIA – (Séria.) Eu não vou nessa entrevista.

CLÁUDIO – Não vai?! Não vai por quê?

LIA – Eu ia, Cláudio. Ia mesmo. Mas tenho uma audição amanhã e preciso ensaiar uns passos.

CLÁUDIO – Audição? Não... Não acredito que tô ouvindo isso.

LIA – Um amigo me recomendou...

CLÁUDIO – Amigo? Que amigo? Se fosse amigo de verdade, não teria recomendado isso pra você.

LIA – Ele sabe o QUANTO isso é importante pra mim.

CLÁUDIO – EU é que sei o QUE é importante pra você!

LIA – Eu não desisti ainda...

CLÁUDIO – Mas devia! Vai insistir até o fim da vida numa profissão que nunca deu dinheiro? (Pausa; em *off*.) E por que, por que raios ele lembrou?

TOM – Contas, dinheiro, pagamento... (Pausa.) Incrível como a "doutora" Bia faz conta de tudo. (Tom.) Menos... Do que é importante pra mim.

BIA – Ah, é? E o que é importante pra você? É escrever na sua página? (Tom.) "Hoje eu acordei e tomei café com pão" (Pausa.) E depois ver que trinta e nove pessoas mais desocupadas do que você curtiram isso?

CLÁUDIO – (Ouvimos apenas sua voz, sem o vermos; foco em Bia. Esse jogo se repete em outras falas das personagens a partir de agora.) Enquanto eu fico o dia inteiro lá me sacrificando...

TOM – Mais desocupadas do que eu???

CLÁUDIO – Tendo que corrigir os erros de todo mundo e sendo o único idiota que não pode errar...

TOM – Eu NÃO tô lá me divertindo. Tô fazendo contatos profissionais. Mas, claro... Pra você ninguém que não fique preso num consultório, dando mais atenção aos pacientes do que ao próprio marido, trabalha de verdade.

CLÁUDIO – Pra depois de tudo isso ver que você continua nesse mundo de sonhos?

LIA – É o mundo que EU escolhi pra mim...

CLÁUDIO – Mas que não escolheu você! Isso é um pesadelo, Lia. (Encarando-a; em *off*.) Por quê...? Por que naquela maldita noite...? (Pausa; sem o *off*.) Não vai a lugar nenhum se continuar nele.

LIA – E você vai longe no seu?

BIA – A verdade? Tá. Qual é a tua verdade, Tom? Agora quero saber até onde você vai. (Pausa; Tom.) Se é que tá indo... Pra algum lugar.

CLÁUDIO – Não sei se vou longe. Mas é meu mundo que tá pagando as contas aqui em casa. (Pausa.) Porra! Só eu tenho que me sacrificar?

LIA – Desde o começo, ficar comigo era um sacrifício, né?

CLÁUDIO – Essa história de novo, não, Lia! Tô falando do teu trabalho. Quando vai cair a tua ficha???

LIA – No dia em que tiver um marido que liga pra mim.

CLÁUDIO – Se não ligasse (Pausa.), não tava aqui te aconselhando.

LIA – Agora ameaça virou conselho?

CLÁUDIO – Olha... (Pausa; acende um cigarro e tenta manter a calma.) Sei que é duro o que vou dizer, mas você precisa ouvir...

BIA – (Foco em Lia.) Fala!

CLÁUDIO – Sua mãe tinha um grande talento...

LIA – Esse assunto da minha mãe de novo???

CLÁUDIO – Sim... De novo. Porque ELA tinha talento... (Pausa; dá uma tragada; Tom.) Mas talento NÃO é hereditário.

LIA – É??? (Pausa.) E de talento você entende bem, né? Cadê seu livro, Cláudio? Sua droga de livro que ia "revolucionar" a literatura... Não... Não sou eu que não dei certo. (Tom.) Nosso casamento é que nunca deu certo.

TOM – Pra onde eu tô indo? (Pausa; Tom) Acho melhor saber se ainda vale a pena nós continuarmos aqui... Juntos.

QUATRO

BIA – (Foco em Cláudio.) Desculpa.

CLÁUDIO – (Foco em Bia.) Desculpa.

TOM – Biazinha... Vem cá. (Senta-se, acena pra ela vir e a espera sentar-se.) Sei que tá há um tempão aguentando sozinha a barra aqui... Mas não dá pra ficarmos brigando assim.

LIA – É um absurdo você falar desse jeito comigo.

CLÁUDIO – Tá. Extrapolei. Mas você precisa ter um choque de realidade.

BIA – Fico chocada com sua falta de vontade de mudar de vida.

TOM – E quem disse que eu preciso mudar de vida?

LIA – (Foco em Tom.) Você Não Tem O Direito De Escolher A Minha Realidade!

TOM – (Foco em Lia.) Por que não posso continuar na vida que EU escolhi pra mim? Só suas escolhas são certas?

LIA – Seu problema é escolher sempre as palavras erradas pra dizer o que precisa. (Tom.) E, principalmente... o que NÃO precisa.

BIA – Não. Não acho. Mas queria ouvir o quê? Que tá tudo maravilhoso assim? Que se você continuar nessa letargia nós seremos eleitos o casal mais realizado do mundo?

TOM – E o que é ser realizado? É ter mais dinheiro, dinheiro, dinheiro?! Toma aqui! (Abre a carteira e a chacoalha até caírem as poucas notas no chão; percebe que são poucas e joga também as moedas da carteira e as do bolso.)

BIA – Idiota... Não é só de dinheiro que eu tô falando.

TOM – É de que então? É ser destaque nas fotos dos congressos? (Simula que tira fotos dela.) É acordar as três da matina com uma louca ligando pra perguntar: (Pausa; imitando.) "Doutora Bia... Ó, eu tô com uma dúvida... Será que largo o infeliz do meu marido ou vou dançar?" (Sério.) É ficar trabalhando até a meia-noite e ainda trazer os problemas dos seus "doidinhos" pra casa?

BIA – Eles são "doidinhos", mas pelo menos tão tentando mudar de vida. Quanto a ficar até altas horas lá... (Irônica.) sabe que é uma boa ideia? Cê ia gostar, né?

TOM – Que diferença faz, se quando a "doutora Bia" chega ela já tá tão cansada que só pensa em dormir e no dia seguinte começar tudo de novo?

CLÁUDIO – Fiz isso pensando no seu bem.

BIA – Você sabe que faço isso por nós. Pra podermos ter uma vida mais confortável.

LIA – Você só pensa em você o tempo todo.

TOM – Não. (Pausa.) Está fazendo isso por você. Só pra poder me jogar na cara depois... Como fez agora.

BIA – Ó... Quer saber? Tô por aqui desse seu joguinho de autopiedade e acusação.

CLÁUDIO – Não fala isso! (Pausa.) Ainda mais depois de tudo o que eu passei pra ficarmos juntos.

LIA – E o que você passou, Cláudio? Tá querendo retomar aquele velho... e eterno... e epidérmico assunto? (Pausa; Tom.) Pode falar!

CLÁUDIO – (Foco em Bia.) Então tá.

BIA – (Dando uma respirada; pausa.) Se pra você ficar comigo tá tão ruim assim... Se eu tô aqui só atrapalhando seus ma-ra-vi-lho-sos planos de sucesso, fique aí... Com o seu apartamento, seu ego, sua ex-fama, suas ex-fãs, seus ex-contatos... (Pausa; Tom.) E a sua ATUAL e eterna... Vidinha de merda!

(Bia vai saindo e abre a porta.)

TOM – Ah, é? Vai. Vai embora. Sai mesmo! (Tirando a aliança.) Aproveita e leva isso aqui. (Jogando a aliança na direção dela.) Vê se faz algum dinheiro com ela!

(Bia olha pra ele, não responde e sai batendo a porta.)

CLÁUDIO – EU só penso em mim? (Pausa.) É... Devo ser um cara muito egoísta mesmo.

LIA – E cínico!

CLÁUDIO – Vou pensar em você agora, então. Quer muito participar dessa audição, né? (Pausa; ele olha pra ela, mas ela não responde.) Acha que esta é mais uma das suas dezenas de "grandes chances"... E que realmente tem o perfil (Pausa; olha pra ela de cima pra baixo e de baixo pra cima.) de uma bailarina?

LIA – Por quê? Tem algo errado com meu perfil? Meu nariz é torto? Meu queixo é pra frente, por acaso?

CLÁUDIO – Não importa o que VOCÊ acha. Ou o que EU acho. Mas o que as PESSOAS acham. Não adianta lutar contra as convenções... Já conversamos sobre isso.

LIA – Sim... Várias vezes. E (Lentamente.) em cada uma delas você conseguiu me surpreender. Ne-ga-ti-va-men-te.

CLÁUDIO – Lia... Não quero discussão de novo. Se tá sentindo que esta é a sua "grande-grande" chance... Então, vá. (Pausa.) Dou o maior apoio.

LIA – Eu já ia. Não preciso da sua permissão, Cláudio. Muito menos... (Tom.) Da sua ironia.

CLÁUDIO – E nem do meu dinheiro, provavelmente.

LIA – Quero que você e o seu dinheirinho de revisor frustrado se danem!

CLÁUDIO – Calma, Lia. Não, não tô sendo irônico. Só quero que você perceba que tudo tem limite.

LIA – Eu sei. Você sempre passa dos limites. E sei que daqui a pouco... Vai passar de novo.

CLÁUDIO – (Gesticulando.) Ó... Para. Para. Vamos ser práticos. (Pausa enquanto dá uma tragada mais forte; Tom.) Essa conversa nunca deu em nada. Eu apoio você, mas...

LIA – Apoia? Nossa, que belo apoio... (Tom.) Vou até me segurar pra não cair.

CLÁUDIO – Mas... (Tentando se controlar.) Agora quero que atenda a um pedido meu.

LIA – Pedido? Qual pedido? O de usar aliança? Ou aquele que fiz há anos pra você parar de fumar esta bosta de cigarro? Essa maldita merda de cigarro que me deixa enjoada logo de manhã? Algum dia em sua vida já (Lentamente; Tom.) parou pra pensar em tentar atender um pedido meu???

CLÁUDIO – Vou tentar... Vou tentar. (Pausa maior, enquanto dá outra tragada forte.) Mas na "remota" hipótese de você não ser aprovada de novo... Nessa (Tom.) "remota" hipótese... Queria que visse o emprego que eu indiquei.

CINCO

(Tom está sentado lendo um jornal. Vai acompanhando com o dedo enquanto lê.)

TOM – Manicure, manobrista, mecânico, médico, médicos, mestre de obras, modelos, montador de estandes, *motoboy*, *motogirl*, motociclista, motorista, motoristas...

(Cláudio está sentado revisando textos. Faz movimentos como se estivesse lendo linha por linha em ritmo bem mais acelerado do que o normal. Mal termina uma página, coloca-a numa pilha e começa outra. A pilha é muito desproporcional a um dia de trabalho.
Lia está ensaiando passos de balé de novo. Agora, muito mais inquieta e irritada consigo mesma ao perceber que não os executa corretamente. Bia, sentada à mesa do seu consultório, come um sanduíche vagarosamente, quase sem querer. Para na metade e joga-o no chão. Contempla o teto com um olhar pensativo.)

TOM – (Lendo o jornal.) Maçariqueiro (Maçariqueiro?), massagista, massoterapeuta, mergulhador...

(Cláudio revisa os textos ainda mais rápido. Lia irrita-se mais com seus erros. Senta-se no chão, desolada. Bia está chorando, sentada no chão.)

TOM — (Lendo o jornal; música vai subindo lentamente.) Maestro, mágico, maquiador, marinheiro, metalúrgico, meteorologista, microfonista, mu... (MU?) (Desanimado.) Mu-se-ó-lo-go...

(Amassa o jornal e joga-o no chão.)

TOM — Um. (Pausa.) Tem que ter pelo menos UM anúncio. Ninguém precisa mais de músico no mundo?

(Lia dá um tapa num rádio que estava ao lado dela, derrubando-o no chão.)

TOM — (Ouve-se um ruído forte e a música para de repente; pausa.) Tá todo mundo feliz com esses lixos disfarçados de baladinha grudenta?

(Música volta e sobe mais. Bia, já recomposta, aparece na cadeira de novo.)

BIA — Não deixe os problemas abalarem você!

(Música sobe bem mais. Cláudio dá um soco na mesa, levanta-se, para por alguns instantes e derruba a pilha de papéis no chão.)

SEIS

(Bia abre a porta do seu consultório pra Lia, que deita no divã para a consulta. O divã é inclinado e ela fica voltada para a plateia, quase de pé.)

BIA – Oi, querida. Tudo bem? Como está minha bailarina favorita?
LIA – Sua "bailarina favorita" que nem bailarina consegue ser??? Tô ótima. Otimamente com as mesmas drogas de problemas de sempre.
BIA – (Com a mesma entonação da primeira vez.) Não deixe os problemas abalarem você.
LIA – E, além disso, agora, o Cláudio...
BIA – Aconteceu algo diferente?
LIA – Ele fez uma ameaça... Quer dizer... um pedido. Uma ordem. Um... Sei lá...
BIA – O que foi?
LIA – Disse que me daria apenas mais uma chance.

(Tom aparece recolhendo o jornal.)

TOM – Se me dessem só uma chance...
BIA – Chance de quê?
LIA – De provar pra ele e pra mim mesma que eu não sou um fracasso completo... Uma filha bastarda da

grande Ana Del Fogo. (Debochando.) A tal, a melhor, a insuperável...

CLÁUDIO — (Acendendo mais um cigarro e vendo a pilha de papéis no chão.) Se eu pudesse... (Pausa enquanto hesita em jogar o cigarro na pilha.) Tocava fogo nisso... Na minha vida... Em tudo.

LIA — (Tom.) Essa sombra que me persegue como uma nuvem negra que apaga qualquer faísca de vida (Pausa.) em mim.

TOM — Ela sempre falava pra não se deixar abalar pelos problemas... (Pausa.) Mal sabia ela que eu já tava abalado... E abatido há muito tempo.

CLÁUDIO — Não aguento mais.

TOM — Chega! Cadê o líder da banda? O cara que brilhava? A gente não é feito pra brilhar? (Pausa; Tom.) Não. Nunca estive assim tão... Apagado. E apegado a ela...

(Cláudio, ajoelhado, vai lentamente recolhendo os papéis de novo e formando a pilha sobre a mesa. Depois de recolher tudo, senta-se e começa a revisar com a mesma rapidez. Tom aparece recolhendo o jornal.)

BIA — Lia... Posso dizer sinceramente o que eu acho? (Pausa.) Acho que ele tem razão. Você realmente NÃO tem o talento da sua mãe.

LIA — Que bom... Minha própria psicóloga também pensa isso. Sensacional esse incentivo. Só falta dizer que...

BIA — E nem deveria ter. (Pausa.) Até porque o talento dela era DELA! E o seu... É unicamente seu, podendo ser igualmente bem-sucedido.

LIA – A impressão que eu tenho é que ela fez tanto sucesso que roubou de mim tudo... o que eu podia ser.

BIA – Você tem que buscar o que está dentro de você. E atingir as suas metas e não as dos outros. E pensar no futuro. Não adianta querer ficar competindo com o passado.

TOM – (Desamassando o jornal, abrindo e lendo uma folha ao acaso.) Co-lo-proc-to-lo-gis-ta... Co-lo-proc-o-QUÊ? Comandante, comerciante, comissário de bordo, compositor de *jingles*, confeitei... COMPOSITOR DE *JINGLES*??? (Pausa.) É isso! Não falaram que minha música tava ultrapassada?

LIA – Por mais que eu avance... O passado sempre me alcança... É como seu eu estivesse marcada por ele... Eterna (Pausa.) e externamente.

TOM – Taí. Se tá ultrapassada, vencida, acabada, nada melhor do que vender bobagens com ela. (Lendo; pausa.) "Mandar currículo com pretensão salarial e uma amostra do seu atalho (Estranhando.) ("Atalho?" Acho que quiseram dizer "trabalho") com urgência". (Pausa.) Urgência???

BIA – Esqueça o passado, Lia! E confie mais em você. O futuro vem como consequência.

LIA – Difícil. Já tô quase esquecendo de mim... (Pausa.) E por falar em esquecer... (Levantando-se.) Daqui a pouco é o teste. Tenho que ir.

BIA – Boa sorte, Lia.

LIA – (Foco em Tom.) É... Só Preciso De Um "Pouquinho" De Sorte.

CLÁUDIO – (Parando de revisar os papéis.) Até quando vou ficar aqui corrigindo, corrigindo e recorrigindo os erros dos outros... (Pausa.) Como pude errar tanto assim?

SETE

(Lia está apática, sentada na sala de casa. Fica olhando o envelope que segura na mão. Cláudio chega e, enquanto guarda suas coisas de forma metódica e lenta, estranha que ela esteja ali parada. Só começa a falar com ela depois de um tempo.)

CLÁUDIO – Olá.
LIA – (Séria.) Oi.
CLÁUDIO – Como foi seu dia?
LIA – (Pausa; hesitante.) Hum... Como você acha? (Ele sobe os ombros.) "Bom"... E o seu?
CLÁUDIO – O mesmo trabalho chato de sempre.
LIA – Já comeu?
CLÁUDIO – Não. Tem comida?
LIA – Estava indo fazer...
CLÁUDIO – (Acendendo um cigarro.) Como foi a audição?

(Lia levanta-se, olha pro cigarro, aproxima-se dele e lhe entrega o envelope. Ele pega, faz que vai abrir, mas hesita.)

CLÁUDIO – Você passou?
LIA – Não era isso que você queria?
CLÁUDIO – Isso o quê?
LIA – Abre aí.

(Ele faz que vai abrir, mas para de novo. Fica olhando pra ela.)

CLÁUDIO – Passou?

LIA – Passeeeeei.

CLÁUDIO – (Fingindo contentamento.) Que bom, Lia. Que bom... Você merecia...

LIA – Você tava certo.

CLÁUDIO – É... Sabia que tinha talento.

LIA – Claro. Você SEMPRE acreditou no meu talento...

CLÁUDIO – Sempre acreditei em você.

LIA – Eu é que não acredito no tamanho da sua falsidade.

CLÁUDIO – Olha! Acabei de chegar do serviço. Tô cansado e tive uma bosta de um dia de merda! Dá pra parar um pouco? Eu não sou culpado pelos seus erros, por suas frustrações, por sua... (Olhando pra ela.) Dá pra acreditar em mim?

TOM – (Dando alguns acordes e digitando no *notebook*.) "Com a máxima urgência..." Vamos lá. Não é possível que alguém que fez tantos sucessos não consiga fazer um 'jinglezinho' besta que preste.

LIA – Agora eu não acredito mais... É em mim. (Pausa.) Não vai abrir o envelope pra ver onde eu passei?

CLÁUDIO – (Faz que vai abrir, mas hesita de novo.) Por que tá irritada assim? Não era o que você mais queria?

LIA – É, eu passei... (Pausa.) Depois de ser reprovada lá, como você "previa" ou "praguejava"... Passei na porcaria de emprego que você indicou. Pronto. Tá feliz? Acho que isso, SIM, era o que VOCÊ mais queria. Ser casado com uma ex-bailarina... E atual

(Tom.) a-ten-den-te de te-le-mar-ke-ting pas-si-vo! E agora? Meu perfil (Passando as mãos no rosto.) combina com o emprego?

CLÁUDIO – Para de me torrar com esse assunto!

LIA – Claro, claro. Esse assunto incomoda você. A minha opinião não vale nada, mas a dos OUTROS... Ah... A dos outros incomoda muito você, né?

CLÁUDIO – Você já tá me incomodando. MUITO!

LIA – E o que não incomoda você? É saber que, enfim, somos (Tom.) dois frustrados com carteira assinada e alma vendida?

CLÁUDIO – (Tom.) É saber que certas pessoas nunca deixarão de ser (Pausa; olhando fixamente pra ela.) o que são!

(Cláudio fixa o olhar em Lia por mais uns instantes, joga o envelope no chão, na direção dela, e sai de cena.)

OITO

(Bia está deitada no consultório.)

BIA – Incrível como as palavras têm força... Este era o sonho dele... Me ver dormindo aqui no consultório. Pena que eu não tenho uma câmera agora. Ia filmar esse "grande evento" e mandar pra ele. Já são... (Procurando o relógio no chão.) Três horas?

(Tom continua dando acordes e digitando.)

TOM – (Bocejando e batendo numa tecla com força, como se estivesse apagando.) Não. Isso não vai funcionar. A letra tá muito inteligente pro nível de compreensão deles... Tem que ser algo mais grudento do que jaca com Superbonder.

BIA – Podia ligar pra ele e perguntar se volto pro meu ex-marido ou se moro eternamente aqui. Ouvindo problemas o dia inteiro. Sem tempo pra comer. Sem vontade de comer. Dando conselhos nos quais nem eu sei se acredito. Tentando ajudar todo mundo, e não conseguindo ajudar nem a mim mesma. (Pausa; Tom.) Eu devo ser muito burra mesmo.

TOM – Precisa ser algo não tão burro, mas fácil. (Cantando de jeito avacalhado – "Fácil", do Jota Quest.) Fá-

cil... / Extremamente fácil / Pra você, e eu, e eles, e o papagaio e todo mundo cantar juntuuuu...
BIA – (Olhando o relógio.) Quatro e quarenta e oito? Ótimo. Pra que dormir? Não existe dormir. Ué, o primeiro infeliz do dia não vem às sete? Já emenda então, bobinha... (Pausa; séria.) Trouxa. Idiota!
TOM – (Fica um tempo parado pensando; toca mais uns acordes.) Puts! É isso. (Socando a mesa.) Porra! É isso! Agora ficou bom. Quer dizer... Tá uma merda, mas tá muito bom. Cara, cê vai ser craque nisso! Depois dou uns toques finais e termino... (Rindo.) Mães do meu Brasil sem pernil e infantil: segurem suas crianças no supermercado. Os bichinhos vão dar preju!

(Tom desliga o *notebook* e apaga a luz. Bia pega uma cartela de comprimidos e um copo d'água, tira um, hesita, pega outro comprimido, toma os dois e apaga a luz.)

NOVE

(Bia está dormindo no consultório. A campainha da sala dela toca, mas ela não acorda. Lia, de uniforme bem formal e coque no cabelo vai até sua cabine de atendimento de telemarketing. Antes de se sentar, alonga-se como se fosse iniciar uma sessão de balé. Percebe a inutilidade do gesto e para. Senta-se e põe os fones de ouvido. O som da campainha é parecido e sincronizado com o do telefone. A cada toque da campainha-telefone, Lia diz:)

LIA — (Com voz robotizada e acelerada.) Répinéss, bom dia. Esta ligação gera um número de protocolo. Deseja anotar o número de protocolo?

(Cláudio segue sua rotina alucinada de revisão; desta vez, vai formando uma segunda pilha. Tom vai despertando, alegre e bem disposto.)

LIA — (Com voz robotizada e acelerada.) Répinéss, bom-dia. Esta ligação gera um número de protocolo. Deseja anotar o número de protocolo? Eu vou estar falando o número de protocolo.

CLÁUDIO — (Riscando o papel com força.) Puts... Como odeio esse "vou estar fazendo, vou estar ligando, vou estar estando!"

(Bia continua dormindo sem atender a campainha.)

TOM – (Ligando o computador.) Ué? Não é dinheiro o que realmente importa? Pois bem... Vamos FABRICAR dinheiro! (Pegando o violão e cantando – "Mim quer tocar", do Ultraje a Rigor.) "Mim quer tocar... / Mim gosta ganhar dinheiro / DINHEIRO!"

LIA – (Com voz robotizada e acelerada) Répinéss, bom dia. Esta ligação gera um número de protocolo. Deseja anotar o número de protocolo? Eu vou estar falando o número de protocolo. É bom o senhor anotar o número do protocolo.

(Bia acorda mal-humorada com o som da campainha. Chuta o copo que estava no caminho. Vai até a porta, põe a mão na maçaneta, hesita e não a abre. Afasta-se da porta, para, faz que vai voltar pra atender, mas para de novo.)

BIA – Quer saber? Volta pra casa, me deixa em paz e vai encher o saco da sua mãe! Seu babaca maníaco-depressivo! Tô cansada de resolver o problema dos outros. Quero que todo mundo se dane!

(Cláudio bate a caneta na mesa e para de revisar.)

CLÁUDIO – Que porre que tá isso! Se eu melhorar muito o máximo que pode acontecer é passar de péssimo pra ruim. Onde esse analfabeto funcional aprendeu a escrever? Pior... Onde desaprendeu assim? (Pausa.)

Preciso tomar um porre... Urgente!

LIA – (Com voz robotizada e acelerada.) O número do protocolo é... (Pausa; falando bem rápido e num ritmo descompassado.) Três-dois-dois-quatro, sete-seis-milhões-vinte-um-sete, nove-milhões-quatrocentos-e-quarenta-e-nove-mil-quatrocentos-e-trocentos-e-trinta-e-doze, quatro-quatro-seis-três, um- (Pausa.) dezessete. (Lentamente e com voz suave.) Deseja ouvir novamente o número do protocolo?

BIA – Não aguento mais ouvir ninguém...

TOM – (Dando os últimos acordes.) Pronto. "Perfecto!" Os caras vão pirar quando ouvirem isso.

LIA – (Colocando um saco plástico na cabeça e falando com voz abafada.) Sim, senhor. Está certo, senhor. Claro, senhor! A culpa da sua falta de sinal é toda minha... (Tirando o saco e os fones de ouvido; pausa; Tom.) Eu subi aí no poste de oito metros que tá em frente ao seu prédio (É! Eu sempre ando com uma escada no bolso...) e arranquei os fios pra comer. Adoro comer fios de cobre à bolognesa. De POBRE como você? Não. Eu gosto de COBRE. E de que me cobrem por algo que não fiz. Sim, nossa empresa é mesmo uma merda... (Pausa.) Seu BOSTA! (Pondo de novo o saco e os fones de ouvido.) Claro... Claro que ainda estou lhe ouvindo, (Tom.) senhor...

CLÁUDIO – Se eu tivesse pelo menos alguém com quem conversar... Alguém que me fizesse esquecer de todos os erros do mundo e corrigisse os meus também...

DEZ

(Tom está tocando a campainha do consultório de Bia. Toca várias vezes.)

BIA – E a única pessoa que eu queria escutar... (Pausa; Tom desiste e vai saindo.) ...Não fala mais comigo.
LIA – Já anotei tudo... Senhor. É só guardar o número do protocolo, que nós vamos estar repassando o caso pra área que vai estar acompanhando...
CLÁUDIO – Chega! Tudo tem limite. Não aguento mais.
TOM – (De novo em frente ao *notebook*.) Agora é só anexar o arquivo, mandar o e-mail e... (Pausa.) Enviando... Enviado... Pronto. Tomzinho: o emprego é seu. (Cantando animado – "O bonde São Januário", de Ataulfo Alves e Wilson Batista.) "O bonde São Januário... / Leva mais um operário... / Sou eu que vou trabalhar."

(Lia tira o saco e os fones de novo e, estafada, apoia a cabeça nas mãos. Depois de um tempo, levanta-se, fica olhando pra cabine, faz que vai embora, mas volta a se sentar e a trabalhar.)

(Cláudio anda de um lado pro outro, como se estivesse na rua.)

CLÁUDIO – Caminhando pelas ruas... (Para de andar; Tom.) A ponto de choro.

TOM – (Levanta-se e anda inquieto.) Será que eles vão demorar muito pra responder? (Fica apertando o botão pra atualizar o e-mail enquanto olha a tela; dá nova volta e repete a ação.) Poxa... Tinha ficado tão legal.

(Lia está novamente deitada no divã de Bia.)

BIA – Você tem ideias de suicídio?

TOM – (Volta e atualiza o e-mail de novo.) O quê? (Lendo.) "Parabéns, o emprego é seu!" (Comemora pulando aos gritos, como se estivesse entoando um coro num estádio.) EU JÁ SABIA! EU JÁ SABIA! (Volta e lê de novo na tela.) "Mandar com a máxima urgência nova versão reduzida." Ah... Isso é baba. É só pegar o arquivo anterior, anexar e... Pronto. Enviando...

(Cláudio aparece sentado a uma mesa. Bebendo.)

TOM – (Cantando contente – "Mim quer tocar", do Ultraje a Rigor.) "Mim quer tocar / Mim 'já vai' ganhar dinheiro / DINHEIRO!" Agora eles já devem ter recebido e... (Olhando de novo pra tela.) Enviando... (Faz sinal com as mãos, como se quisesse "apressar" o *notebook*.) Vamos lá, meu filho! (Pausa.) Sei que tá "enviando", mas envia logo!

(Bia está novamente deitada no consultório. Procura de novo o relógio. Encontra-o e vê as horas.)

BIA – (Foco em Lia, que está deitada em sua cama.) Quatro e quarenta e oito...
LIA – E ele ainda não apareceu. Também... Que diferença faz? Pra que ter aquele peso morto aqui? Pra me afundar ainda mais? E pra que dormir? Pra depois acordar e ouvir as mesmas merdas daqueles idiotas ao telefone?
TOM – Falha no envio??? Como assim? Ah, tá. Tô sem sinal. Sensacional. Porra de internet de merda!
BIA – E se eu mudasse tudo? Jogasse tudo pro alto? Esquecesse o passado? Começasse do zero? (Pausa.) Do zero...

(Cláudio dá mais um trago. Pausa. Acende o cigarro e dá uma longa tragada.)

BIA – Virasse essa nova pessoa que fico insistindo pros meus pacientes virarem... E que eu, justamente eu, nunca tive coragem de virar...

(Lia revira-se várias vezes na cama. Para e olha pro teto.)

LIA – Chega! Eles não querem uma funcionária acéfala, obediente e dedicada? Vou madrugar na empresa.
TOM – (Pegando o telefone fixo.) Qual era mesmo o telefone desta joça?

(Lia sai. Logo depois Cláudio chega, cambaleando, tropeça em algo, derruba um objeto e olha pra cama.)

CLÁUDIO – (Bêbado.) Que bonito! Minha esposinha querida e dedicada já foi trabalhar. Agora, SIM, somos um casal que tem (Soluça.) futuro! (Larga a pasta com força no chão, olha de novo pra cama vazia e desaba nela.)

BIA – Devia vender isso aqui. Montar algo que dê mais futuro... Sei lá... Um restaurante, um barzinho, um manicômio... Tenho facilidade pra me comunicar com as pessoas. Com todo mundo... (Tom.) Menos... Com ele.

(Tom está discando. Lia está em frente à sua cabine. Ouve o telefone tocar, mas ainda faz seus alongamentos de balé.)

TOM – Droga! Atende logo!

LIA – (Sentada e já com os fones; voz robótica.) No momento... Todos os nossos atendentes estão ocupados. (Delicada.) Por favor, aguarde. (Pausa longa.) No momento... Todos os nossos atendentes estão ocupados. (Delicada.) Por favor, aguarde. (Pausa.) Não desligue. Sua ligação é MUITO importante para nós.

TOM – Se é importante, atende logo, cacete!

LIA – (Voz robótica.) Você é o número (Pausa; Tom.) trin-ta e três da lista. O tempo estimado de espera é de... (Pausa; Tom.) U-ma ho-ra, qua-ren-ta e oi-to mi-nu-tos.

TOM – Não acredito! Vou dar um tiro nesta merda!

LIA – (Voz robótica.) Você é o número (Pausa; Tom.) vin-te e um da lista. O tempo estimado de espera é de... (Pausa; Tom.) U-ma ho-ra, qua-ren-ta e qua-tro mi-nu-tos. (Delicada.) Não desligue. Sua ligação é MUITO importante para nós.

TOM — (Sentando no chão com o telefone na mão.) Que porra de contagem é essa? Desisto!

(Bia surge de costas pra plateia, como se olhasse a fachada de um barzinho imaginário. Pausa.)

BIA — O ponto é legal. O bairro é bom. O local é movimentado. O barzinho é bacana. Tem charme. E TEM que dar certo. Depois da loucura que fiz... PRECISA dar certo.

(Cláudio vai acordando lentamente. Tonto, levanta-se, pondo as mãos na cabeça. Caminha devagar. Tropeça num copo.)

CLÁUDIO — Droga de ressaca!

(Vai até uma bancada e vê uma pequena pilha de papéis. Pega algumas folhas e dá uma rápida olhada, revirando as páginas, contrariado.)

CLÁUDIO — Talento. Ela diz que eu TAMBÉM não tenho talento. (Pausa.) Mas como é que eu vou escrever algo que preste com a vida que eu tenho? Vivendo com essa fracassada... Nesse casamento fracassado... (Pausa; lendo as folhas.) Contos Reunidos — Cláudio Alvim. (Tom.) "Casamento em branco e preto": "A igreja era branca. As rosas, brancas. A limusine... digo... O fusca, branco. O vestido, branco. O buquê, branco. O bolo, branco. Pra pagar a cerimônia e essas baboseiras todas, ele, mesmo sem poder, deu um cheque em... Branco. O arroz sobre os noivos (Por que não FEIJÃO?) era branco. Tudo naquele casamento era branco. Tudo, tudo, tudo... Menos um detalhe que se sobressaía nessa brancura glacial: (Tom.) a NOIVA. E na hora do (Tom.) 'Você aceita essa fulaninha como sua legítima esposa, prometendo amá-la e respeitá-la, na saúde e na doença, na riqueza e na pobreza'... E naquele papo escroto de sempre... Ele tinha que dizer alguma coisa. Era uma palavra. Só uma palavra. Curtinha. De uma sílaba... Ele achava. Mas qual era a palavra mesmo? E por que, por que raios ele lembrou? (Pausa; falando mais alto.) Por que naquela maldita noite não deu BRANCO???" (Pausa longa; amassando os papéis.) Chega! Eu preciso de uma história de verdade. Não dessa droga. (Pausa.) Da minha droga de vida... E de alguém que me dê, pelo menos, (Tom.) meio miligrama de inspiração. (Joga as folhas com raiva no chão.)

LIA – (Voz robótica.) Você é o número (Pausa; Tom.) se-te da lista. O tempo estimado de espera é de... (Pausa; Tom.) Vin-te e do-is mi-nu-tos.

TOM – Alô. (Pausa.) ALÔ!!!

BIA – Vamos lá, Ex-doutora Bia. Entre com o pé direito e boa sorte. (Pausa; Bia vai entrando no "bar.")

TOM – Alô. Tô falando com você, sua surda imbecil!!! (Pegando o celular e olhando fixamente pra ele.) Se pelo menos ela ligasse pra mim... Uma ligaçãozinha só... Nem que fosse só pra dizer... (Pausa.) alô.

LIA – (Com voz robotizada e acelerada.) Répinéss, bom dia. Essa ligação gera um número de protocolo. Deseja anotar o número de protocolo?

TOM – ALÔ!!!

LIA – (Com voz robotizada e acelerada.) Eu vou estar falando o número do protocolo. É bom o senhor anotar o número do protocolo.

(Bia surge de avental de garçonete, arrumando e limpando as mesas do bar.)

BIA – (Cantando – "Ensaboa", de Cartola.) "Ensaboa, mulata, ensaboa... / Ensaboa, tô ensaboando... / Ensaboa, mulata, ensaboa... / Ensaboa, tô ensaboando..."

TOM – Olha, eu NÃO quero porra nenhuma de protocolo. É um absurdo eu ficar quase DUAS HORAS ouvindo essa frase ridícula dizendo que a minha ligação é muito importante pra vocês. Se fosse... Vocês já teriam atendido nos primeiros minu...

LIA – (Com voz robotizada e acelerada.) O número do protocolo é... (Pausa; falando bem rápido e num ritmo descompassado.) Três-dois-dois-quatro, cinco-milhões-quatrocentos-e-quarenta-e-nove-milhões-e-dezessete, oito-mil-quatrocentos-e-trocentos-e-trinta-e-doze, quatro-quatro-seis-três, um- (Pausa.)

dezoito. (Lentamente e com voz suave.) Deseja ouvir novamente o número do protocolo?

TOM – Já falei que NÃO quero protocolo nenhum! Quero só que resolvam meu problema. Quantas vezes vou precisar repe...

LIA – (Com voz robotizada e acelerada.) Com um número de protocolo o senhor pode nos ligar de novo e... Fornecendo o número de protocolo...

ONZE

(Bia ainda limpa as mesas, agora meio desanimada. Cansada, senta-se numa cadeira.)

BIA – Poxa... (Pausa.) Nenhum clientezinho até agora? Me prometeram que o ponto era superbom... Que é que eu tô fazendo de errado?

(Cláudio está andando nas ruas de novo. Para diante do bar de Bia. Entra.)

CLÁUDIO – Tá aberto?
BIA – (Simpática.) Claro, claro. Pode se sentar aqui, senhor. (Percebendo que ele estranha o bar vazio.) Ainda não tá muito cheio, né? Mas temos várias reservas pra hoje que ainda vão chegar.
CLÁUDIO – Sei...
BIA – Já vou pegar o cardápio. Um instantinho só.
CLÁUDIO – Não precisa.
BIA – O senhor já prefere fazer o pedido?
CLÁUDIO – Prefiro que não me chame de senhor. Qual é o seu nome?
BIA – (Foco em Lia.) Em que posso ajudá-lo?
TOM – Você já podia ter me ajudado se não tivesse me deixado esperando tanto tempo assim. Qual é o seu nome?

BIA – (Foco em Lia.) Bia.

TOM – Bia???

BIA – E o do senhor? Digo, o seu?

CLÁUDIO – Cláudio. (Pausa, enquanto ele olha admirado pra ela até deixá-la sem graça.)

LIA – Não. É Lia. E o do senhor?

TOM – Tom.

LIA – Nome completo... Senhor.

BIA – Então, Cláudio... Prefere uma cerveja, um vinho... Ou alguma porção? Temos umas entradinhas ótimas antes do prato principal.

LIA – Telefone?

CLÁUDIO – (Rindo.) Se é entradinha... É porque já vem ANTES do prato principal...

LIA – Endereço? CPF?

TOM – Já digitei o CPF. Tá tudo no sistema de vocês. E agora ainda tem mais duas horas de questionário? (Lia tira os fones de ouvido. Pausa.) Alô? Alô?

BIA – Claro... Foi só maneira de falar...

LIA – (Foco em Bia; resmungando.) Nossa, já vi que este é daqueles BEM chatos...

CLÁUDIO – O que você falou?

BIA – Que nós temos ótimas opções aqui...

CLÁUDIO – Prefiro beber algo bem forte... E que me faça esquecer de todos os erros do mundo.

BIA – Às vezes, um bom erro é o melhor acerto que a gente pode fazer. (Pausa; rindo.) Que tal Absinto com uma pitada de licor de amnésia?

CLÁUDIO – (Rindo.) Boa tirada. Mas resolve?

BIA – (Rindo.) Claro! Duas doses são melhores do que qualquer divã!

CLÁUDIO – Trabalha há muito tempo com isso?

BIA – Não. Quer dizer... Sim. Não tô há muito tempo, mas é como se fosse. Pelo menos sinto que já devia estar aqui há anos...

CLÁUDIO – Entendi. Nós sempre vamos adiando as decisões, né?

BIA – Verdade. (Pausa.) Falando nisso... Cê já escolheu?

CLÁUDIO – Pode trazer uma bebida parecida com aquela... E a entradinha que estiver... saindo mais.

BIA – Certo. Já volto. (Saindo e resmungando.) Bom, é crítico, mas pelo menos tem senso de humor.

LIA – (Pondo os fones.) Continuo ouvindo... senhor.

TOM – Já tô há quatro horas sem internet e preciso mandar um arquivo urgente. Meu futuro depende disso.

LIA – (Sussurrando o pensamento.) Não adianta querer ficar competindo com o passado.

TOM – Que é que você falou???

LIA – Vou estar checando as conexões. Por favor, desligue o cabo do modem.

TOM – Desliguei.

LIA – E do roteador.

TOM – Já tirei.

LIA – Desligue o micro.

TOM – É *notebook*...

LIA – Tanto faz... senhor.

TOM – Desligado.

LIA – Espere trinta segundos.

TOM — (Pausa longa.) Esperei.

LIA — Ainda faltam seis segundos... senhor.

TOM — (Pausa.) Não faltam mais.

LIA — Pode religar.

TOM — Religuei.

LIA — Resolveu?

TOM — Não! Ainda não consigo me conectar.

LIA — (Sussurrando.) Nem eu...

TOM — Tô sem sinal.

LIA — (Sussurrando.) Só queria um sinal de vida...

TOM — O quê?

LIA — Pra checar o sinal, tenho que saber quais luzes estão piscando no modem.

TOM — A primeira e a segunda tão fixas, a terceira tá piscando um pouco, a quarta não para de piscar, a quinta tá apagada, a sexta também tá piscando mais ou menos... (Pausa; Tom.) e eu não aguento mais olhar pra este pisca-pisca que não funciona!

LIA — Qual tá piscando mais: a terceira ou a sexta?

TOM — E por acaso eu tenho medidor de pisca-pisca pra saber?

LIA — Compreendo... Mas assim fica difícil resolver seu problema... senhor.

TOM — Não. Você NÃO compreendeu. O problema não é meu. O problema é SEU! E eu quero que arrume esta droga AGORA!

BIA — (Chegando com os pedidos e servindo Cláudio.) Pronto. Saiu agorinha... Espero que goste.

CLÁUDIO — (Experimentando, enquanto ela o observa ansiosa.) Hum... Tá com uma cara boa. (Olhando pra ela.)

Tudo aqui tem uma cara boa... (Pausa enquanto come.) Parabéns! Valeu a pena ter esperado tanto.

BIA – É que você foi nosso primeiro cliente. Digo... Primeiro cliente do dia, e achamos que merecia algo especial...

TOM – É este o tratamento que vocês acham que eu mereço? Você sabe com quem tá falando?

LIA – Nós não fazemos distinção entre nossos clientes... senhor. (Tirando os fones.) Até porque... O mundo não faz distinção. (Pausa; Tom.) NINGUÉM faz...

CLÁUDIO – Nossa... Obrigado pela distinção. Você também é uma... (Pausa; olhando pra mão dela.) senhorita muito distinta. E bonita.

TOM – Quem eu sou? Ou... Pelo menos... (Pausa.) quem eu FUI?

DOZE

(Lia reaparece no divã de Bia.)

LIA – Minha autoestima tá tão baixa que se um dia meu ego subir e depois eu resolver cair em mim (Pausa.) ainda teria que afundar uns sete metros...

BIA – Não fale assim, Lia. O que houve?

LIA – Aquele dia... Lá no teste... Eu era a única (Tom.) ocre, terracota, parda, mulata, negra ou seja lá qual cor eles viram em mim pra não me aprovarem e chamarem aquela pata branquela que mal sabia andar e deve ter feito curso de balé por correspondência...

BIA – Lia: as coisas não são assim. Você não pode justificar todos os seus fracassos e frustrações só por conta do racismo.

LIA – Tá. Pra você é fácil, né? Você é branca... Freud era branco... O Baryshnikov é branco... A Pina Bausch era branca. Minha mãe era branca... E o racismo é só coisa da minha imaginação? Então diga uma, pelo menos uma bailarina negra famosa aqui no Brasil.

BIA – Balé não é minha praia, Lia. Você sabe disso...

LIA – Sei... E apesar de ser a minha, eu tô me afogando nela cada vez mais. Pra que treinar, treinar e treinar até sair sangue dos pés se o que importa pra eles não é o que está dentro de mim, mas o que está fora?

BIA – O que importa é o que você acha de si própria. Dar mais valor a si mesma é o primeiro passo para impor respeito e merecer atenção.

LIA – E nascer mulata ou negra é o segundo passo pra ter as portas do mundo fechadas pra você. Não adianta... O preconceito não tá na minha cabeça. (Pausa; Tom.) Eu o sinto na pele.

TREZE

(Tom continua a falar ao telefone com Lia.)

TOM – Olha... (Pausa.) Não importa quem eu sou e nem quem você é. O que importa mesmo, e muito, é que eu tô pagando e vocês têm que resolver meu problema já. Urgente!
LIA – Claro... senhor. Estou fazendo um novo teste das conexões. Por favor, aguarde.
TOM – Já tô aguardando há um tempão. Paciência tem limite!
CLÁUDIO – (Para Bia, no barzinho.) Sabe que há tempos eu não conhecia alguém tão simpática assim? E o engraçado é que...
BIA – Obrigada. Mas o que é engraçado?
CLÁUDIO – É que eu costumo andar e andar e andar por vários bairros à procura de um lugar legal, onde eu possa achar alguém interessante, mas quando eu entro nos bares, dou uma volta, vejo quem está nas mesas, não me interesso por ninguém e saio. (Pausa.) E aqui foi diferente.
BIA – Por quê?
CLÁUDIO – Mesmo com o bar todo vazio, não quis sair. (Pausa; Tom.) Achei você interessante...
BIA – Bondade sua. E você... Sempre sai sozinho?
CLÁUDIO – É... Sou um cara muito sozinho.

BIA – Mas logo logo encontra alguém. (Pausa; desconversando.) Olha... As outras reservas já devem estar chegando... Vou resolver umas coisas lá na cozinha, mas pode ficar à vontade. (Vai saindo.)

CLÁUDIO – Obrigado. Eu já tô à vontade.

TOM – A vontade que eu tenho é de meter um PROCESSO nesta empresa! Vocês têm ideia do prejuízo que tão me dando? Da nova carreira que tão matando?

LIA – (Sussurrando.) Claro. Eles também mataram minha carreira logo que eu nasci.

TOM – O QUÊ???

LIA – O processo de atualização e reconfiguração já está finalizado. Favor checar novamente a conexão.

TOM – Tô checando.

LIA – E então?

BIA – (Voltando com a conta pra mesa do Cláudio.) Olha. Desculpe. Estamos sem conexão com a maquininha do cartão hoje. Pode ser em dinheiro?

CLÁUDIO – Claro. (Entregando o dinheiro.) Tá aqui. (Pegando mais dinheiro.) E isso é por sua simpatia.

BIA – Nossa... Obrigada.

CLÁUDIO – De nada.

BIA – Espero que volte sempre.

CLÁUDIO – Voltarei. (Pausa; ele continua olhando fixamente pra ela.)

TOM – (Cantando baixinho ao violão – "Doce de sal", letra do autor, sobre a música "Cruel", de Sérgio Sampaio.) "Quer me beijar / Boca acesa / Se eu deixar / Caio na presa / Uma beleza que não dá pra resistir / Se eu pensar em fugir / Você me diz: 'Ah, louco de ti!' / (Refrão.) Porque você é o meu mundo / Universo também / Se eu sonhava isso tudo / Você é tudo isso, meu bem."

BIA – (Sem jeito.) Bom... Então é isso... Obrigada...
CLÁUDIO – Ah, tá. Até mais. (Vai saindo.)
BIA – Tchau.

(Já quase fora, Cláudio para, volta-se pra Bia, ameaça falar algo, mas se detém.)

BIA – Oi. Queria mais alguma coisa?
CLÁUDIO – Não... Tchau.
BIA – (Meiga.) Tchau.

(Bia começa a arrumar a mesa de Cláudio.)

BIA – É... Se todos me derem uma gorjeta assim... O cara era meio estranho, mas pro começo, tá bom.
CLÁUDIO – (Andando.) Bia. Bia. Bia... Um bom nome pro começo do meu romance. Do romance que eu nunca escrevi. (Pausa; Tom.) Que nunca tive. Quando chegar, já vou ligar...
TOM – LIGOU!
LIA – Sim, vejo que sua conexão já está normalizada... senhor.
TOM – É, voltou.
LIA – Deseja mais alguma coisa?
TOM – Não. Desejo só mandar esse arquivo... (Mexendo no *mouse* e vendo se o e-mail foi.) Isso. Já foi.

Bom... (Tom.) Agora é só começar a ganhar dinheiro pra nunca mais ter que ligar pra essa porcaria de empresa!

(Lia tira os fones de ouvido, levanta-se e vai indo embora.)

TOM – É um absurdo vocês terem me deixado três horas esperando pra ser atendido, terem me feito passar esse baita estresse e quase perder meu novo emprego, sem ao menos um pedido de desculpa e ... Alô? Tá ouvindo? Alô?

QUATORZE

(Cláudio está em casa, digitando velozmente. Para por alguns segundos e lê na tela. Dá a impressão de que gostou e escreve mais rápido ainda. Lia chega. Estranha que ele esteja escrevendo. Guarda suas coisas olhando pra ele, que não a nota. Depois de um tempo, começa a conversar.)

LIA – Oi. (Ele não responde e continua escrevendo, entretido.) Eu disse: OI!
CLÁUDIO – Ah... Oi. Desculpa. Tava tão entretido aqui que...
LIA – Tô vendo... (Ele continua escrevendo; pausa longa enquanto ela olha pra ele.) Tá tudo bem com você?
CLÁUDIO – O quê? Tá sim... E com você?
LIA – Bem.
CLÁUDIO – Que bom.
LIA – Pois é. Que bom, né?
CLÁUDIO – É...
LIA – Só me fala isso?
CLÁUDIO – Nossa! Tava esquecendo... (Animado.) Eu preparei aquela lasanha com molho branco que você adora. E uma saladinha de palmito. E fiz também a receita de manjar de coco da sua mãe. Tá tudo na cozinha... (Pausa.) Pra você.
LIA – (Fica surpresa por um tempo; em *off*.) Molho branco...

Palmito... Manjar... Será que ele tá me traindo? E ela? (Pausa.) Será que é branca? (Pausa; sem o *off*.) Tá tudo bem com você mesmo?

CLÁUDIO – Sim, claro. Ó... Desta vez... Acho que vai. Joguei tudo o que eu tava escrevendo fora e tive uma baita ideia pra um romance. É a história de dois casais que se separam e que depois começam a...

LIA – (Interrompendo.) Cláudio: valeu pela comida. Mas eu tive um dia ruim. Mais um dia muito ruim. Tô quebrada. Nem sei se vou comer. Só queria dormir. Se é que eu vou conseguir dormir...

CLÁUDIO – Fica assim, não. Com o tempo você se acostuma... Todo mundo se acostuma. Boa noite... Eu ainda vou ficar um tempão aqui escrevendo.

(Foco permanece nele por um tempo.)

(Tom está lendo um e-mail.)

TOM – "Parabéns, garoto! Os três clientes aprovaram suas propostas. Tá com as mãos inspiradas, hein? Passou creminho? (Comentando.) – 'que sacanagem' – Não esqueça de mandar aqueles outros dois *jingles* pra sexta. Abraços." Nossa... Se eu soubesse que era tão extremamente fácil assim...

LIA – (Na cama.) Por que as coisas são sempre tão difíceis pra mim? Parece que até aqueles imbecis que nem me conhecem não vão com a minha cara... Que é que eu fiz de tão errado assim pra todo mundo?

TOM – Salário todo fim de mês. Vale-refeição. Convênio. Academia. Dinheiro sobrando na conta. Baladas.

Mulheres. Mas... E aí? É só isso? (Pausa; Tom.) Como será que ela tá agora?

(Cláudio lê na tela trechos do seu novo romance.)

CLÁUDIO – (Narrando.) "Naquele bar vazio, ele logo reparou que ela conseguia ser uma e muitas pessoas. Tinha a humildade de uma garçonete, o carisma de uma atriz e, ao mesmo tempo, a perspicácia de uma psicóloga que sabe ouvir seus clientes e ir até o ponto exato da dor..."

(Bia e Lia no consultório.)

BIA – Fale de outro assunto, então.
LIA – É. Não quero mais falar dela.
BIA – Escolha outro tema.
LIA – Falar dela me irrita.
BIA – Não fale.
LIA – Não vou falar mais.
BIA – Sim... Vamos abordar outras questões.
LIA – É, não aguento mais ela.
BIA – (Fica olhando séria pra ela; longa pausa.) Lia...
LIA – Que foi?
BIA – Assim não vamos chegar a lugar nenhum.
LIA – Não quero ir pra lugar nenhum...
BIA – Sim, você pode até não querer sair debaixo dessa sua capa protetora de autoflagelação. Mas você não pode ficar escrava do passado.
LIA – (Indignada.) Escrava??? Pra você também todo mulato ou negro é escravo?

BIA – Não, Lia. Pra mim as coisas não têm essa conotação única de racismo que você enxerga em tudo. E que a deixa cega pro mundo. Apague esse trauma que você tem com sua mãe.

LIA – E por que eu deveria? (Tom.) Ela foi tão boazinha comigo... Me visitava a cada quinze dias. Trazia presentes. Começou a me ensinar balé. E me tratava igual aos outros filhos dela. (Pausa; Tom.) Segundo ela dizia...

BIA – Ela podia estar errada, mas fez o que pôde... Ou o que achou que podia fazer na época...

LIA – É... Minha mãe fez muitas coisas.

BIA – Isso! Você tem que guardar as lembranças boas que tem dela.

LIA – Claro. Tenho vááááárias lembranças. E sei de muitas histórias... Tem uma que é ótima. (Tom.) Já falei pra você daquela em que, no auge da fama, ela começou a beber, traía o marido e ainda conseguiu engravidar do primeiro preto que viu no boteco? Linda história, né?

BIA – Lia...

LIA – Seria mais bonita ainda se não tivesse NADA a ver comigo.

BIA – Lia...

LIA – (Tom.) E se ela não tivesse ficado grávida justamente de um cara... De um sacana... De uma bosta de pai... Que NUNCA quis me conhecer e nasceu só pra me ferrar!

BIA – Lia! Seu problema não é não conseguir perdoar sua mãe, seu pai ou qualquer outra pessoa. (Pausa; Tom.) Seu problema... É não perdoar a você mesma.

LIA – (Chorando.) Minha mãe me matou – em MIM – antes (Pausa.) de eu nascer.

QUINZE

(Cláudio está escrevendo; Bia, limpando as mesas; Lia, em sua cabine de atendimento; e Tom, em casa.)

TOM — (Cantando baixinho ao violão — "De uns tempos pra cá", de Chico César.) "De uns tempos pra cá / O carro, a casa, o som / TV, vídeo, livros, bom... / O que em tese faz um lar / Admito eu quis comprar / Começo a me arrepender / Pra ficar só com você / Isso de uns tempos pra cá..." (Pausa; Tom.) O que em tese faz um lar?

CLÁUDIO — (Lendo e narrando.) "O ex-marido liga várias vezes pra ela, mas ela não atende. É como se ele tivesse morrido dentro dela. Começa a se envolver com um escritor, um cara bem mais experiente e inteligente... (Pausa.) E que podia oferecer muito mais 'coisas' pra ela..."

TOM — Eu podia ligar e pedir desculpa. Falar que mudei. Que as coisas aqui em casa mudaram. Que aquela ânsia de fama... Agora... (Tom.) me dá ânsia. (Pausa.) Ser famoso, de verdade, seria ter ela aqui de volta...

CLÁUDIO — (Chegando ao bar de Bia.) Oi, Bia, como vai?

BIA — Hum... Desculpa. É que são tantos clientes aqui... (Pausa.) Ah, lembrei... Como vai, Cláudio? Que bom que veio de novo. Já vi que ganhei um cliente fiel.

TOM – (Segurando o celular.) Mas pedir desculpa de quê? Fui eu que errei? Não foi ela que quis sair? Não podia ter aguentado um pouco mais? Pra que tanto orgulho? (Pausa; Tom.) Uma psicóloga que não consegue tratar nem a si mesma...

CLÁUDIO – Também, depois do tratamento que você me deu e dessa simpatia toda, tinha mais é que ganhar mesmo.

TOM – Se ela soubesse o tempo que estamos perdendo não ficando juntos... Quer saber? Vou ligar!

BIA – (Rindo.) Nossa... Falando assim eu até acredito... Cê trabalha aqui perto?

CLÁUDIO – (Rindo.) Menos do que eu gostaria...

BIA – E faz o quê?

CLÁUDIO – Sou revisor.

BIA – Interessante... Percebi de cara que você falava bem.

CLÁUDIO – É... Na verdade, não é tãããoo interessante assim... (Tom.) Trabalhar como revisor foi uma forma de eu não corrigir a mim mesmo.

BIA – Como é que é?

CLÁUDIO – Sonhava ser escritor. Poder escrever, que é o que eu mais amo fazer, na hora que eu quiser, quando quiser e sobre o que quiser. E não ficar revisando as "jumentices" dos analfabetos da empresa. De diretores que nem sabem escrever e ganham dez vezes mais do que eu...

BIA – Realização pessoal e profissional é sempre complicada.

CLÁUDIO – Mas não precisava ser tão difícil.

BIA – (Rindo.) Se fosse fácil... Não teria graça.

TOM – Vou ligar coisa nenhuma! Baita orgulho sem sentido.

CLÁUDIO – (Rindo.) E nem seria essa desgraça que é...

TOM – Tanta gente nova que eu conheci, e ninguém interessante... Como é difícil encontrar alguém legal hoje em dia... E aquela pobre coitada da empresa? Puts... Acho que fui muito duro com ela. Bom... Vamos lá. Fazer a boa ação do dia... (Pegando o telefone fixo e ligando; pausa.) Mas quem me garante que vou falar com ela?

LIA – (Na cabine de atendimento.) Não desligue! Sua ligação é muito importante para nós.

TOM – Que vou conseguir falar com alguém nessa maldita empresa?

LIA – (Com voz robotizada e acelerada.) Répinéss, bom dia. Essa ligação gera um número de protocolo. Deseja anotar o número de protocolo?

TOM – Lia?

LIA – (Com voz robotizada e acelerada.) O número do protocolo é... (Pausa; falando bem rápido e num ritmo descompassado.) Três-dois-dois-quatro, sete-se... Tom?

TOM – Nossa... Lembrou do meu nome?

BIA – E aí, o que vai querer?

CLÁUDIO – Hum... Que tal um escondidinho de carne seca?

BIA – Uau! Boa pedida. (Vai saindo pra pedir o prato.)

(Cláudio pega umas folhas e vai rabiscando e escrevendo. Pausa.)

TOM – Só queria pedir desculpas.

LIA – Desculpe, eu não entendi. Desculpa de quê... senhor?

TOM – Lembrou-se do meu nome porque fui muito grosso com você, né? Olha... Eu tava estressado, precisava mandar o arquivo com urgência... E tava e tô passando por um momento ruim.

LIA – É. Aquele dia também foi muito ruim pra mim...

BIA – (Meio afastada de Cláudio.) Revisor... Não é à toa que é crítico. Aparece todo dia aqui, e pede logo um escondidinho.

TOM – É? Desculpa. Ó, eu nem conheço você, mas...

LIA – Não tá perdendo nada... senhor.

TOM – Como assim? Você foi legal comigo. Ouviu todas as minhas barbaridades sem me xingar. Nossa... Se trabalhasse aí e atendesse um cara como eu... estressava rapidinho...

LIA – Já estou estressada... senhor. Algo mais em que eu possa ajudá-lo?

BIA – E acha que bar virou consultório de psicanálise... Daqui a pouco vai querer um divã no lugar da cadeira, vai pedir um Freud à milanesa, um ego ao sugo... (Pausa; Tom.) E eu... que queria me esconder dos problemas dos outros, do meu ex, dos meus pacientes, do mundo, de mim... Tô aqui... Ouvindo problemas de novo. (Pausa.) Eu devo ser uma MEGA-ANTENA receptora de todos os problemas do mundo.

TOM – Sim, Lia. Primeiro... não me chamando mais de senhor. Segundo... aceitando minhas desculpas.

LIA – Desculpe, senhor. Nosso atendimento está proibido de abordar questões pessoais... senhor.

TOM – Mas eu não queria falar com a "Lia-robô-telemarketing". Eu quero falar com a "Lia-ser-humano". Porque algo me diz que você é uma pessoa especial.

BIA – (Voltando.) Deseja tomar alguma coisa especial?

LIA – Especial?

CLÁUDIO – Você tem o que de especial?

BIA – (Foco em Lia.) Eu?

LIA – (Foco em Bia.) Eu?

CLÁUDIO – É, digo, vocês... (Pausa longa; as duas se olham e fazem cara de estranhamento.)

BIA – Vou trazer algo que você vai adorar...

TOM – Não sei... Mas me deu vontade de falar com você de novo. De saber quem você é... Quem é na vida real, não aí... presa nesse discurso decoreba de telemarketing.

LIA – Eu? Quem eu sou?

TOM – Sim. Você!

LIA – "Não pergunte como eu vim, porque já não sei de mim."

BIA – (Afastada de Cláudio; olhando pra Lia.) "A gente segue a direção que o nosso próprio coração mandar."

CLÁUDIO – (Lendo as folhas e narrando pra plateia.) "Lia, 'pessoa-humana', diz quem é de verdade."

LIA – Eu sou alguém que cansou de dançar. De dançar na vida. Acho que até minhas pernas se cansaram de mim. Sinto umas dormências. Coisas estranhas. Talvez elas busquem outro corpo. Parece que querem fugir daqui e achar alguém que as faça viver de verdade. Que dance de verdade... Mas hoje... Não quero mais dançar. (Pausa; Tom.) Quero alguém que faça um baile pra mim.

TOM – Eu sou músico. Quer dizer... Era músico. Até reclamarem do meu ego e me expulsarem da banda. Com o tempo... De tanto falarem que eu não tinha talento sozinho, até eu cansei de me ouvir. Hoje, passado o passado, acho que eu mesmo esqueci o Tom. (Pausa maior; Tom.) Incrível como eles conseguem ir nos matando aos poucos, né?

LIA – Aos poucos???

TOM – É...

CLÁUDIO – (Lendo as folhas e narrando.) "Mas talvez fosse melhor ele não saber a verdade..."

LIA – Minha mãe me matou – em MIM – antes (Pausa.) de eu nascer.

BIA – (Pra plateia.) Uma psicóloga que sabe ouvir seus clientes e ir até o ponto exato da dor...

CLÁUDIO – (Lendo as folhas e narrando.) "Já o escritor... trabalhava como revisor numa agência de classificados de empregos. Revisava dezenas, centenas, milhares, milhões de anúncios por dia..."

TOM – (Cantando baixinho ao violão, como se fosse um mantra.) "Quando você faz o que não gosta... / Quando vooooocê faz o que não goooosta / Quando você faz o que não gosta... / Quando vooooocê faz o que não goooosta."

CLÁUDIO – (Pausa; olha de jeito estranho para Tom, que para de cantar; lendo as folhas e narrando; em ritmo bem acelerado.) "Naquele mar-tsunami de abreviações, salários, números, endereços, telefones, e-mails e tudo o mais espremidos em três ou quatro linhas de letrinhas minúsculas, de empreguinhos minúsculos, de vidinhas minúsculas, que formavam pilhas e mais pilhas e outras pilhas de papel, e o deixavam pilhado, e o deixavam pirado, ele não podia deixar passar nenhum errinho (nenhum errinho?). Vai ver que é por isso que não conseguia escrever seu romance. Que não conseguia ter UM romance... Acostumou-se com o pouco..." (Pausa; em *off.*) A régua com que me meço destamanha o centímetro em que me caibo. (Pausa longa; bem lento; sem o *off.*) "Atolado nos classificados, sua frustração era... In-clas-si-fi-cá-vel."

DEZESSEIS

(Lia no divã do consultório de Bia.)

LIA – Ontem o Cláudio passou dos limites. Teve a coragem de dizer pra mim que...
BIA – (Seca.) Não é ele que passa dos limites. (Pausa; Tom.) É VOCÊ quem não os estabelece.
LIA – Ele falou pra mim que...
BIA – Cheguei ao meu limite.
LIA – O quê?
BIA – Sua terapia acabou.
LIA – Acabou?
BIA – Tô te dando alta.
LIA – Alta??? Como assim? Tá me dando alta com todos os milhões de problemas que eu tenho?
BIA – (Tom.) Não. Eu é que tô me dando baixa.

DEZESSETE

(Cláudio em casa, lendo as folhas do romance. Pega uma folha, começa a rabiscá-la, como se estivesse cortando vários trechos.)

CLÁUDIO – "Se cheguei até aqui... tão limite... não dá mais pra desistir." (Pausa.) Mas como vou continuar essa história? (Dá uma lida rápida, amassa a folha com raiva e joga-a no chão.) Será que eu tenho, realmente, alguma história pra contar? (Pausa.) E pra viver?

DEZOITO

(Lia na cabine de atendimento.)

LIA – Répinéss, bom dia. Esta ligação gera um número de protocolo. Deseja anotar o... (Tom.) Qual o nome do senhor? (Pausa; desanimada.) Ah, tá... Répinéss, bom dia. Esta ligação gera um número de protocolo. Deseja anotar o... (Tom.) Qual o nome do senhor? (Pausa; desanimada.) Hum... Desculpe. Répinéss, bom dia. Esta ligação gera um número de protocolo. Deseja anotar o... (Tom.) Qual o nome do...
TOM – Oi, Lia. É o Tom.
LIA – Tom!!! Que bom ligou. Tava esperando você ligar mesmo.
TOM – Tenho um convite especial pra você.
LIA – Convite?
TOM – É... Bom... Eu tava pensando... A gente já se falou tantas vezes por telefone e até hoje não se conhece... Que tal se a gente fosse pra algum barzinho? Afinal, ainda tô em dívida com você...
LIA – Barzinho?
TOM – (Rindo.) É, barzinho. Nunca foi a um barzinho?

(Bia está limpando as mesas do bar.)

BIA – Por que ninguém mais vem aqui? O que eu tô fazendo de errado? Não tô sendo simpática? Até o revisor não vem mais todo dia...

CLÁUDIO – (Em casa.) Apaixonado por quem não gosta de mim e incapaz de amar a quem me ama.

BIA – (Para o Cláudio; Tom.) A vontade é o desejo... (Pausa.) en-cos-tan-do na dor...

LIA – (Tirando os fones, levantando-se e falando pro Cláudio; Tom.) A ilusão... (Pausa.) é um falso chão.

CLÁUDIO – Se é que, depois de tudo, ela ainda me ama... Ou pior... Se é que amou um dia...

BIA – Tratar dos outros cansa. Servir os outros cansa. Chega uma hora em que você se lembra de que tem que se lembrar de você. (Pausa; Tom.) Lembrar que nunca o esqueceu. (Pegando o celular e ligando.)

TOM – (Em pé, sem o telefone; pra plateia; Tom.) Ela vai passar... Pela porta que eu deixei entreaberta. (Pausa.) Ela é o elemento restaurador do meu mundo harmônico.

LIA – (De novo sentada e com os fones.) É que eu sou casada. (Pausa.) Não parece, mas sou casada.

TOM – (Com o telefone fixo.) Sei. Eu também era. Pouco tempo atrás... Ela ainda morava comigo. Às vezes, tenho a impressão de que ela continua aqui... olhando pra mim, sorrindo pra mim... (Ouve o celular tocar.) Ligando pra mim... (Pega-o e vê que é ela.) Ligando? Bia?

LIA – Tom? Oi, Tom. Tá me ouvindo?

TOM – (Atrapalhando-se.) Bia! Quer dizer, Lia. Oi, ééé... Só... só... só um minutinho. Eu tô com uma ligação urgente aqui e preciso desligar. Depois a gente se...

BIA – (Desligando.) E agora... Ele nem me atende mais.

TOM – Bia? Oi, sou eu. Bia. Fala!

LIA – (Pausa; dá um murro na cabine; surtada.) Répinéss, PÉSSIMO dia. Essa ligação gera um número de protocolo. Deseja anotar (Tom.) a PORRA do número do protocolo???

CLÁUDIO – (Lendo e narrando.) "Dois frustrados com carteira assinada e alma vendida."

LIA – (Tirando os fones, levantando-se e falando pro Cláudio.) Sim! Conseguimos ter um esplendoroso sucesso em nossos fracassos.

CLÁUDIO – (Tom.) Mas essa frase é dela... Será que nem uma frase de impacto eu consigo escrever? E pra causar impacto em quem? Quem é que vai ler uma porcaria dessas?

DEZENOVE

(Lia vai saindo irritada da cabine de atendimento. Cláudio está em casa.)

CLÁUDIO – (Lendo e narrando.) "Foi quando ela também começou a andar. Mas, ao contrário dele, que sempre se contentava com pouco, ela ia cada vez mais longe..."

LIA – (Para a plateia.) Até que um dia, minhas pernas não suportaram mais. Imploraram pra sair daqui. MANDARAM eu sair daqui! E eu fui. Fui com elas. Até porque, voltar pra casa... Era chegar... a lugar nenhum.

CLÁUDIO – (Lendo e narrando.) "Caminhando pelas ruas... A ponto de choro."

LIA – (Pra plateia; enquanto fala, dá pequenos passos em direção à coxia.) Fui andando, andando, andando sempre mais. Fazia isso todos os dias depois do serviço. No começo, só nas ruas do bairro. Depois fui "evoluindo"... ia pra outros bairros, outras zonas da cidade... Quase pra outras cidades.

TOM – (Cantando baixinho – "Feito pra acabar", de Marcelo Jeneci, Paulo Neves e Zé Miguel Wisnik.) "Quem me diz / Da estrada que não cabe onde termina / Da luz que cega quando te ilumina / Da pergunta que emudece o (Tom.) coração."

LIA – (Enquanto Tom canta.) A cada dia (Pausa; entrando na coxia; Tom.) eu me tornava uma versão (Pausa; já fora de cena.) mais distante... De mim.

TOM – (Cantando – "Não existe amor em SP", de Criolo, com adaptação do autor.) "São Paulo é um graveto / São Paulo é um graveto / São Paulo é um graveto disfarçado de buquê / Não existe amor em SP."

(Foco em Cláudio, que ajeita uma mochila grande e pesada. Tenta algumas vezes fechar o zíper, que emperra. Consegue. Fica olhando a mochila.)

CLÁUDIO – Tentar fazer a coisa certa... Pelo menos uma vez na vida. (Pausa.) Tem que dar certo. PRECISA dar certo.

(Sai de casa e arrasta com dificuldade a mochila. Vai chegando ao bar de Bia. Ela está muito ocupada, indo de lá pra cá como se estivesse "servindo" várias mesas.)

CLÁUDIO – Oi, Bia, como vai?
BIA – Bem, mas tô num sufoco aqui. Só um instantinho. (Pausa.) Nossa, aquele anúncio que você me ajudou a escrever funcionou mesmo. O bar lotou.
CLÁUDIO – Que bom. E pra comemorar eu trouxe uns...
BIA – (Indo atender outra mesa.) Desculpa, um minutinho só.

(Cláudio fica olhando pra ela, que atende outra mesa e mais

outra e outra. Depois de um tempo, ela volta. Tom começa a cantar.)

TOM – (Cantando baixinho ao violão – "De uns tempos pra cá", de Chico César.) "Coisas são só coisas / Servem só pra tropeçar."

BIA – (Pausa.) Nossa, que estranho... Parece que já ouvi essa música... Vou só abaixar o rádio (Ela faz o movimento de desligar o rádio imaginário; Tom para de cantar.) Cada música esquisita que toca hoje em dia, né? Mas você tava falando de que mesmo?

CLÁUDIO – Que pra comemorar o sucesso do bar eu trouxe uns presentinhos pra você. (Pausa; abrindo a bolsa.) Abri meu armário esses dias e vi que tinha vários livros bons que já li, e que você ia gostar de ler. (Tirando os livros um por um e pondo na mesa.) Tem este aqui do Guimarães Rosa, o do Kafka, o do Dostoiévski, o do Saramago, o do Tezza, o do Scliar, o do Torero, o do...

BIA – Cláudio...

CLÁUDIO – Machado, o do Kundera, o do Ruffato, o do...

BIA – Cláudio, é que agora eu...

CLÁUDIO – (Virando a sacola e despejando dezenas de livros que transbordam na mesa e caem no chão.) ...Chamie, o da Clarice, o do Veríssimo, o do Leminski, o da...

BIA – Cláudio! Sabia que de vez em quando menos é mais? Não tá vendo que eu tô ocupada? (Pausa.) Tá. Você vem bastante aqui, é um bom cliente, rende uma graninha, me ajudou no anúncio, mas... Agora... eu tô... OCUPADA!

CLÁUDIO – Eu só queria que você...

BIA – Aliás, pensando bem... Eu não tô ocupada AGORA. (Pausa; Tom.) De hoje em diante... eu vou estar SEMPRE ocupada pra você. (Fazendo sinal com o braço pra ele sair.) Até mais.

TOM – (Cantando baixinho ao violão.) "Coisas são só coisas / Servem só pra tropeçar / Têm seu brilho no começo / Mas se viro pelo avesso / São fardo pra carregar."

CLÁUDIO – (Indo embora.) Pena... É realmente uma pena nossa história acabar...

BIA – (Interrompendo.) Nossa "história"?

CLÁUDIO – Assim... Não era esse o final que eu tinha imaginado.

TOM – (De pé; para o Cláudio.) Ela vai passar... Pela porta que eu deixei entreaberta...

(Bia mantém o sinal pra ele sair. Cláudio sai do bar. Tom pega o telefone pra ligar.)

TOM – Droga, Lia, atende logo.

LIA – (Na cabine; voz robótica.) No momento... todos os nossos atendentes estão ocupados. (Delicada.) Por favor, aguarde. (Pausa longa.) Não desligue. Sua ligação é MUITO importante para nós.

TOM – Tinha que tá ocupada justo agora?

LIA – (Na cabine; voz robótica.) No momento... todos os nossos atendentes estão... (Pausa; em *off*.) Queria estar em qualquer lugar... Menos aqui.

TOM – Pronto. Mais três horas aqui esperan...

LIA – Fala, Tom.

TOM – (Surpreso.) Lia? Nossa... Atendeu rápido hoje.

LIA – Sabia que era você.

TOM – Sabia? Como assim?

LIA – Intuição.

TOM – Mas... cê não tinha que ter falado primeiro o número do protocolo e aquele blábláblá todo?

LIA – Tinha. Mas o supervisor não tá aqui.

TOM – E eles não gravam as ligações pra ouvir depois?

LIA – Tomara. Quero mais é que ouçam as loucuras que eu falo e me mandem embora.

TOM – É, sei o que tá passando. Dói muito trabalhar numa coisa que você não gosta.

LIA – Não tem problema. Eu já tô acostumada com a dor.

TOM – Lia... Nem tinha o direito de pedir mais isso... (Pausa.) mas... desculpa de novo. Naquele dia do telefonema dela eu... Eu ia...

LIA – Tudo bem, Tom. Normal. Absolutamente normal. Todo dia alguém me trata mal e desliga o telefone na minha cara. Acho que muita gente não vai com a minha cara.

TOM – Pô, Lia, não fala assim. Ó, eu sei que tá difícil, mas pra me redimir... Pra "tentar" me redimir, eu passo aí, seja lá onde você estiver, e depois nós vamos prum barzinho bem bacana.

(Foco em Bia, que está parada observando a pilha de livros caídos. Dá um tapa numa cadeira, que cai com força no chão.)

LIA – (Olhando com estranheza pra Bia, que lhe devolve o olhar; pausa.) Não precisa...

TOM – Tá... Cê tem todo o direito de tá brava comigo, mas...

LIA – Não precisa vir aqui.

TOM – Não? Por quê?

LIA – Porque eu sinto que... de alguma forma... nós já estamos juntos.

TOM – É?

LIA – (Tirando os fones e levantando-se.) Parece que estamos mais próximos do que nunca.

TOM – Também tenho essa impressão... Nós fomos ficando cada vez mais amigos... E parece que o dia em que eu não falo com você... Fica faltando alguma coisa.

LIA – (Olhando na direção dele.) Acho que falta você me encontrar.

CLÁUDIO – (Em casa; lendo e narrando.) "'Lia-bailarina-frustrada-robô-telemarketing-personagem-incompleto' (Pausa.) ganha, enfim... Uma vida real."

LIA – (Indo até ele; Tom.) E eu me encontrar...

TOM – Sim... Falta você!

(Lia senta-se ao lado dele, mas os dois não se olham. Pausa. Depois, continuam como se ainda estivessem se falando por telefone. Música vai subindo lentamente ["Te Valorizo", da Tiê – "Vem / Me faz um carinho / Me toque mansinho / Me conta um segredo / Ou me enche de beijo / Depois vá descansar / Outra forma não há / Como eu te valorizo / Eu te espero acordar".])

TOM – (Ainda ao telefone.) Parece que não falta mais nada. E que eu até... até sinto... você aqui.

LIA – Eu também.

TOM – Como se nossos pensamentos estivessem tão unidos que nem precisássemos de telefone pra falar.

LIA – Nem de protocolos...

TOM – Nem de milhões de perguntas.

LIA – Nem de "é claro... senhor".

TOM – Nem de falta de sinal.

LIA – Nem de "a sua ligação é MUITO importante pra nós".

TOM – Nem de nada urgente pra enviar ou... qualquer outra conexão com o mundo real.

LIA – Nem de luzes piscando. (Luz sobre os dois alterna-se.)

TOM – Nem de duas, três horas de espera.

LIA – Nem de DIAS de espera...

TOM – (Tom.) Nem de VIDAS de espera... Mas... exatamente do jeito... que eu sempre... esperei.

(Tom desliga o telefone, coloca-o no chão, vira-se olhando fixamente pra Lia e acaricia o rosto dela. Tenta beijá-la, mas ela não consente. Música vai subindo lentamente ["Só sei dançar com você", da Tulipa Ruiz, com a Tiê – "Você me chamou pra dançar naquele dia / Mas eu nunca sei rodar / Cada vez que eu girava parecia / Que a minha perna sucumbia de agonia (....) / Só sei dançar com você / Isso é o que o amor faz".] Depois, Tom se levanta, oferece a mão puxando-a para si e começa a dançar com ela. Ela fica muito tímida no começo, mas vai se soltando e os dois dançam perfeitamente. Música sobe mais. Após um tempo, Lia o afasta com os braços.)

LIA – Mas... eu... eu... eu sou do jeito (Encarando-o; pausa.) que você imaginava?
TOM – Não, Lia.
LIA – Não?
TOM – Não. (Pausa; pondo a mão no rosto dela.) Você é bem mais bonita... Do que eu tinha imaginado.

(Tom dá um longo beijo nela. Luzes vão se apagando lentamente. *Blackout* simulando o fim da peça. Pausa longa.)

VINTE

CLÁUDIO – (Em casa; lendo e rabiscando a folha com raiva e depois jogando-a no chão.) NÃO! (Pausa.) Esse não era o final que eu tinha imaginado pra eles... Que alguém ia gostar de ler... Que eu ia querer pra mim...

(Tom e Lia ficam olhando pra ele com estranhamento.)

BIA – (Para a plateia.) "Decidi que a vida logo me daria tudo... (Pausa.) Se eu não deixasse que o medo me apagasse no escuro."

(Luzes se apagam de novo, mas reacendem mais rápido. Cláudio vê uma cartela de comprimidos sobre a mesa, pega-a, olha pra Lia e joga a cartela no chão.)

CLÁUDIO – Lia. (Pausa.) Lia! ACORDA!

(Lia olha para o Tom e para o Cláudio, hesita, mas depois caminha em direção ao Cláudio. Antes de chegar ao outro lado do palco, vira-se e olha de novo para o Tom.)

LIA – "Poderia lhe entregar meu coração... (Pausa.) Alma, vida e até minha atenção." (Sai de cena.)

CLÁUDIO – (Para a plateia.) "Em toda história... É nossa obrigação, (Pausa.) saber seguir em frente, seja lá em qual direção."

BIA – (Para a plateia.) "O saldo final de tudo... (Pausa.) Foi mais positivo que mil divãs."

TOM – (Cantando e tocando violão; para a plateia – "Dois", da Tiê e Thiago Pethit.) "Tem espaço de sobra no meu coração (Pausa.) / Eu vou levar sua bagagem... / E o que mais estiver à mão..."

VINTE E UM

(Cláudio está escrevendo no micro de novo. Acende um cigarro. Lia chega. Fica um tempo olhando pra ele sem falar nada.)

LIA – (Em *off*.) Ultrapassar o limite de si (Pausa.) para chegar ao começo do outro.
CLÁUDIO – (Dando uma tragada.) Que é que foi? Algum problema?
LIA – Nada.
CLÁUDIO – Nada?
LIA – É. (Longa pausa.) Acho que você nunca vai ser nada. Nada como marido. Nada como escritor. Nada meu. (Pausa.) Nada!
CLÁUDIO – (Irritado.) Tá. Teve outro dia ruim, como se "só você" tivesse dias ruins, e quer descontar tudo em mim de novo?
LIA – Não, Cláudio. Não quero descontar em você. Você já passou da conta.

(Lia começa a pôr as roupas na mala. Cláudio fica olhando calado por um tempo.)

CLÁUDIO – Depois de tudo o que eu fiz por você... Depois de tudo o que passei... Não imaginava que seria capaz disso.

LIA – Não tô nem aí pro que você imagina. Se depender da sua imaginação, vai passar fome. E embora ganhe mais dinheiro do que eu... seu mundo é muito mais pobre do que o meu.

CLÁUDIO – Lia... Você tá cometendo um erro enorme.

LIA – Acha mesmo? Acredita que nosso casamento foi um "acerto"? Seu problema, Cláudio, não é errar. Não é ficar corrigindo os erros dos outros. (Pausa.) É ter medo... de acertar!

CLÁUDIO – Lia. Pense bem. Você tá acabando com tudo...

LIA – Não, Cláudio. (Tom.) Nosso *pas de deux*... sempre foi... de uma pessoa (Pausa.) só!

(Lia vai saindo com a mala. Para de repente.)

LIA – E sobre talento, cê tava certo. Não é hereditário mesmo. (Pausa.) Mas é genético. E pra tê-lo, é preciso estar vivo. Ter uma vida de verdade. (Tom.) Coisa que você, com sua vida inteira passada em BRANCO (Pausa.), nunca teve!

(Antes de passar pela porta, para de novo e fica uns instantes olhando pro espelho.)

TOM – (Cantando baixinho – "Feito pra acabar", de Marcelo Jeneci, Paulo Neves e Zé Miguel Wisnik.) "Vai saber / Se olhando bem no rosto do impossível / O véu, o vento o alvo invisível / Se desvenda o que nos une ainda assim."

(Lia vira-se para o Cláudio, vai até a mesa dele, arranca bruscamente o teclado do micro e caminha em direção ao espelho.)

LIA – Ah... Tava esquecendo.
CLÁUDIO – Lia? NÃÃÃO!!!

(Lia bate o teclado no espelho com força, estilhaçando-o em vários pedaços.)

LIA – Como eu tô indo embora, você não precisará mais do teclado pra escrever, já que vai perder a "inspiração". E nem do espelho. (Pausa; pisando nos cacos e indo embora; Tom.) Não vai sobrar NINGUÉM aqui com um perfil de verdade pra ser refletido nele!

VINTE E DOIS

(Tom pega o telefone fixo. Hesita. Olha o celular. Pausa. Liga do fixo.)

TOM – Lia... Atende...

LIA – (Sentada na cabine; voz robótica.) No momento... Todos os nossos atendentes estão ocupados. (Raivosa.) Dane-se! (Pausa longa.) No momento... Todos os nossos atendentes estão ocupados. (Pausa.) O problema é seu. (Raivosa.) Desligue logo. Sua ligação é um PORRE para nós!!!

TOM – (Pegando o celular.) Bia... Sou eu... Atende.

LIA – (Sentada na cabine; voz robótica.) Ao final do atendimento... Atribua uma nota para que possamos aprimorar nossos serviços.

TOM – (Com o fixo e com o celular.) DEZ!

BIA – (Foco em Lia.) Dez?

LIA – (Foco em Bia, que está com o celular.) Dez???

CLÁUDIO – (Olhando pro Tom.) DEZ???

TOM – (Ao celular.) Bia... Tem umas roupas suas aqui ainda. Cê podia passar aqui pra buscar. Pra gente conversar e tentar se acertar. (Pausa; Tom.) Eu só queria falar pelo menos DEZ minutos com você.

(Bia desliga o celular e fica em suspense. Lia tira os fones e sai da cabine.)

VINTE E TRÊS

(Cláudio está em pé, olhando o calhamaço de folhas do seu livro.)

CLÁUDIO – Terminei o romance antes do fim. Terminei o casamento. Terminei tudo. E a impressão que dá (Pausa.) é que eu nunca comecei nada.

(Tom e Bia estão no apartamento dele. Lia aparece na porta com sua bagagem e vê os dois quase se beijando. Deixa a bagagem cair com tudo, fazendo um grande barulho. Eles se viram e olham surpresos pra ela. *Blackout* rápido.)

(Cláudio fica observando o calhamaço do romance e o lixo. Hesita, mas joga-o. Depois, acende um cigarro e dá uma longa tragada. Fica parado olhando pro lixo. Depois, joga o cigarro no lixo, o maço no lixo e queima tudo. Fica parado, vendo as chamas.

VINTE E QUATRO

(Bia chega com sua mala na porta do Tom. Deixa-a cair fazendo barulho. Tom vira-se e olha pra ela. Pausa.)

BIA – Acho que vou contrariar você de novo...
TOM – Acho que demorou muito...
BIA – Acho que eu aprendi...
TOM – O quê?
BIA – (Entregando um pacotinho pra ele.) Tó.
TOM – Que é isso?
BIA – Várias cordas "MI". (Ele pega; pausa.)
TOM – Pra quê?
BIA – Pra que quando quebrar a primeira corda "MI", que é a mais aguda...
TOM – (Sorrindo.) Não acredito...
BIA – ou a sexta corda "MI", que é a mais grossa e de som mais grave, (Pausa.) nós não percamos tanto tempo assim... De novo.

(Música vai subindo lentamente ["Dois", de Tiê e Thiago Pethit – "E mesmo assim, queria te contar / Que eu tenho aqui comigo alguma coisa pra te dar / Tem espaço de sobra no meu coração / Eu vou levar sua bagagem e o que mais estiver à mão."]).

TOM – Também tenho um presente pra você. (Tirando do bolso.) A aliança que eu tinha jogado... (Pausa enquanto põe no dedo dela.) E que sempre foi sua.

BIA – (Pegando e olhando de perto.) Não acredito. (Rindo.) Fez uma aliança da corda "MI"?

TOM – (Rindo.) Prova de carinho.

BIA – Hum... E seria uma prova de que você mudou?

TOM – Eu? (Puxando-a para si.) Talvez seja uma prova... de que nós mudamos. (Tenta beijá-la, mas ela delicadamente não consente.)

BIA – E será que prova também que ainda tem algum espaço, por menor que seja, (Tocando no peito dele.) aí (Pausa; Tom.) pra mim?

TOM – Você tá perguntando se tem espaço de sobra (Puxa-a para si.) no meu coração? (Pausa enquanto fixa o olhar nela; depois lhe dá um longo beijo; o gesto acontece do mesmo modo que Lia tinha visto antes.)

(Música vai subindo mais. Luzes vão diminuindo lentamente até o palco ficar todo escuro.)

VINTE E CINCO

(Cláudio está em casa. Pega um pedaço do espelho que havia se quebrado. Segura-o na altura do peito, colocando o pulso do outro braço embaixo dele. Fica parado olhando o pulso por alguns instantes.)

CLÁUDIO – Preciso recomeçar do zero. (Tom.) De FORA de mim. Da pessoa que mais sofreu por minha causa. (Pausa.) Lia? Lia? (Pausa longa.) LIA-AAAAAAAAAA! (Luz nele se apaga.)

(Lia surge no centro do palco, vestida, impecavelmente, de bailarina. Começa a ensaiar, timidamente, alguns passos. Depois, vai dançando com perfeição. Música vai subindo lentamente ["A Bailarina e o astronauta", de Tiê – "Eu sou uma bailarina / E cheguei aqui sozinha / Não pergunte como eu vim / Porque já não sei de mim / Do meu circo eu fui embora / Sei que minha família chora / Não podia desistir / Se um dia, como um sonho / Ele apareceu pra mim / Tão brilhante como um lindo avião / Chamuscando fogo e cinzas pelo chão / (....) Astronauta, diz pra mim cadê você / Bailarina não consegue mais viver".] Num telão, surge a imagem do rosto do Tom, que, depois de um tempo, começa a pegar fogo. Lia fica olhando e vai diminuindo os passos. O telão vai subindo até desaparecer. Música e luz vão diminuindo lentamente. Já completamente no escuro, mas ainda com a música abaixando e quase no fim, alguns momentos depois se ouve um forte baque de um corpo caindo no chão.)

FIM